大阪観光大学観光学研究所

観光を見る眼
創刊号

観光を科学する
観光学批判

山田良治 著

晃洋書房

目次

はじめに……5

一　社会科学の対象と課題……9

1　社会科学の対象　(10)
2　社会科学のパーツとしての個々の諸科学　(12)
3　蛸壺化の行き詰まりとその背景　(15)
(一)非物質的生産への移行／(二)個性の生産力化と社会科学の再編

二　社会科学としての観光学……23

1　観光の定義　(24)
2　観光学の核心　(25)
(一)鑑賞・創造・交流活動／(二)自由／(三)非日常空間への移動
3　観光学の実践領域　(35)
4　観光労働について　(36)

三　観光をめぐる社会的諸問題 …… 41
1　環境破壊と観光（42）
2　格差拡大と観光（43）
3　深刻化する孤独問題と観光（46）
4　新型コロナウイルス感染症と観光（50）

四　現代観光教育の課題 …… 55
1　いま大学教育に求められているもの（56）
（一）大学教育の課題／（二）社会科学は時代遅れか？／（三）求められるジェネリック・スキル／（四）大学教育とのギャップ
2　観光主体の形成――楽しむ力を育てる（62）
3　観光空間の創造――楽しめる対象を創造する力を育てる（67）
4　観光事業体と観光労働の役割――楽しみに誘《いざな》う（69）

おわりに …… 73

あとがき（77）

はじめに

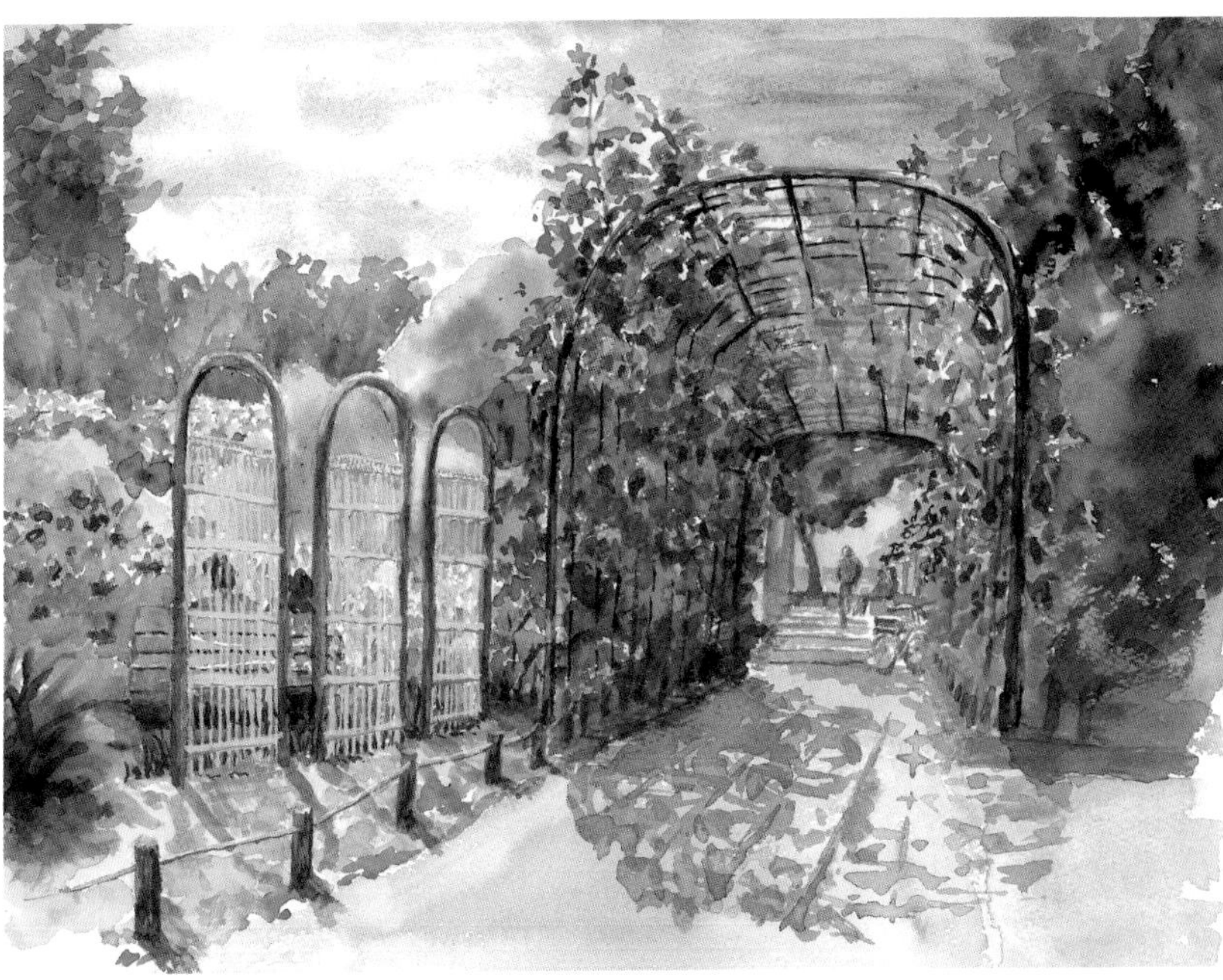

本書は、観光学とは何かについて解説することを課題としています。そのことを副題にあるように観光学批判とするのは、主として次の二つの意味においてです。

第一に、観光の主人公は、すべての市民です。したがって、市民の生活にとって観光とは何か、ということが観光学のコアとなるテーマをなします。一方で、市民の観光は、実践的には、観光に関わる多くの社会的・自然的な環境によって支えられています。その意味で、コア領域と関わる実践領域の全体が観光学の対象となります。しかし、既存の観光学は概して、コア領域の位置づけを欠くか、そこまでいかないまでも、しばしば両者の関係が転倒しています。その意味での観光学批判です。

第二に、観光を科学的に捉えるということは、表層を深層において認識することを意味します。地球上のすべての事物は何か支えがなければ地表に落下しますが、空気抵抗を受けるため落下速度そのものは無限に多様です。しかし、その現象の背後には万有引力という共通の作用が働いています。物体の落下をこうした観点からみるのが科学の目です。この意味で、科学とは、現象を本質との、表層を深層との関係において認識することです。しかし、既存の観光学は、観光現象の表層的な描写にとどまる場合が少なくないように見えます。その意味での観光学批判です。

観光は、本書で述べていくように、人間が人間として発達し、幸せに生きていく上で欠くことのできない活動です。しかし現実には、大衆観光（マス・ツーリズム）の発展が様々に環境を破壊する傾向が現れる中で、持続可能な観光のあり方が問われる事態も招いています。そして、そこに移動そのものに強い制限をかけるコロナ禍が加わりました。こうした事態は、これまでの観光のあり方に抜本的な見直しを迫っています。新しい観光の道筋を見い出すためには、観光に対する社会科学的な認識の発展が不可欠です。本書は、概括的なものではありますが、その一つの試みです。

なお、煩雑さを避けるために、関連文献の引用はなるべく少なくするとともに、引用する場合も引用先は本文中に簡略に記すにとどめ、参考文献リストも記載していません。

一　社会科学の対象と課題

観光学は、大衆観光の発展とともに成立してきた新しい学問領域です。しかし、観光学が固有の科学的な方法論を持つ独自の学問分野であるかどうかは、いろいろと議論のあるところです。イギリスのサリー大学観光学部を率いてきたトライブ教授らは、観光学は、追加的学問領域(extra-discipline)→多元的学問領域(multi-discipline)→学際的学問領域(inter-discipline)という発展を辿ってきたと述べています。様々な分野の集合としての多元的領域であることは間違いないところですが、問題はそれが共通の内的なつながりを持った学際的な学問領域と言えるかどうかです。換言すれば、多様な観光現象が枝葉となるような一本の幹が存在するのかどうか、存在するとすればそれは何かということです。

1　社会科学の対象

科学は大きく分けると、自然を対象とした自然科学と、人間あるいは社会を対象とした人文社会科学(人間はそもそも社会的動物であることも踏まえて、以下単に社会科学と表現することにします)とに区分されます。観光学が観光現象を対象とした学問分野である限りは、基本的に社会科学の一分野となります。観光学は、社会科学においてどのような意味で固有の領域をなすのでしょうか。この点を考える前提として、まず、個別の学問領域を捨象して、社会科学それ自体を取り上げてみましょう。

多様な諸領域を社会科学として一括できる根拠は、そのすべてが人間あるいは社会を対象としていることです。ここでいう人間とは、自然科学の対象となる生物体としての人間ではなく、社会的人間あるいは人間社会です。

人間は猿から進化したわけですが、この過程は、生物学的人間から社会的人間への進化と言うことができます。このような進化を可能としたのは、人間が労働する存在として現れたことにあります。労働とは何かについては改めて述べることとして、ここではとりあえず常識的な意味での労働を思い浮かべてもらえれば結構です。

歴史的に見ると、人間社会は、原始共産制社会から始まり、奴隷制社会、封建制社会、そして資本主義社会と、いくつかの異なる社会システムを通過してきました。その場合、各社会システムは、労働をめぐる人と人との社会的関係の違いによって区別されます。資本主義以前の社会システムは、本筋からそれるのでここでは立ち入りません。

私たちが住む資本主義社会を他の社会と区別するのは、労働が経営者（資本家）に雇われた労働（賃労働）として現れることにあります。この点を根拠として、様々な社会的諸現象を、資本主義社会というシステムが生み出す相互に関連した有機的な諸現象として認識することができるようになります。差異性は同質性を根拠としてこそ意味を持ってくるものであり、共通項のない差別化は、相互に関連性のない閉鎖的な小宇宙の集合に過ぎなくなってしまいます。

このような人間相互の関係の仕方が社会の大部分を占めるような社会システムは、歴史上資本主義社会のみです。賃労働は資本主義社会の生産力的発展の大部分を担うとともに、その急速な発展に伴って多種多様な社会的諸現象を引き起こします。社会科学は、こうした社会状況を認識する科学として、今日に至る発展を遂げてきました。

2　社会科学のパーツとしての個々の諸科学

社会科学は、その生成の段階では、概して社会経済全般を対象とする総合的な科学という性格を備えていました。例えば有名な『国富論』を著したA・スミスや『経済学原理』の著者J・S・ミルの研究は、経済学にとどまらず、哲学や社会学、政治学、教育学などに及んでいます。ゆえに、その経済学も生産と消費をめぐる人と人との関係を射程とするPolitical Economy（政治経済学または社会経済学）であり、対象をもっぱら価格現象に特化させた後のEconomicsとは異なります。

資本主義が本格的に発展するにつれて、社会学、文化人類学、地理学、政治学、法学、教育学、社会心理学など多様な学術領域が成立し発展してきました。これは、社会が発展するにつれて、全体の一つの部分としての個々の領域が、それぞれ一つの特質・共通項を有する概念として切り分けられたことを意味します。切り分け方は様々でしょうが、そのように対象を全体から分離することに、一定の社会的、歴史的な合理性が生じたということでもあります。

その背景には、非常に大雑把に言えば、工業を中心とする社会的分業と生産力の発展の中で、一定の独自性を持った産業部門の多様な発展があります。さらに言えば、細分化は、産業分野だけでなく、政治・法律・文化・教育などの諸領域の相対的に自律的な発展を伴っています。こうした社会の様々な領域における産業面、制度面での発展が研究対象の細分化＝「学」の自立化・多様化を生み出してきました。

しかし、工業化が深化する中で、資本主義社会の解剖という共通のフレームを持ちながらも、そこからの分化が固定化されるようになると、各学問領域が一人歩きし、全体との関係は、しだいにその痕跡を不明確なものとするようになりました。これは、言い換えれば、社会科学が、相互の関連性が不明確化するか欠落した多元的学問領域（multi-discipline）の状態に陥るということです。社会科学としての一体性は、ただ社会的人間または人間集団としての社会という対象の同一性のみを根拠とすることになります。首の皮一枚でルーツが確認される状況です。

社会科学としての普遍性から乖離し、蛸壺《たこつぼ》化した領域の研究スタイルについて言えば、概して次の諸特徴が見られます。第一に、他の領域への関心が薄れ、多少とも理論的な議論においては、その領域だけで通用するような専門用語が飛び交う閉鎖的な学術コミュニティが形成されるようになります。第二に、短い周期で現れては消える新しい諸現象を、いかに早く捕まえ新しい概念・理論を提起するかといった流行追随傾向を帯びるようになります。第三に、理論的研究と実証的研究が分化し、それぞれが独立的に展開するとともに、全体としては実証的な研究、それも諸現象の表層的な因果関係の分析に集中されがちになります。

こうした発想が、資本主義という社会システムそのものの本質と個々の社会現象との関連性という問題意識を、看過ないし否定する傾向を生むことは避けられません。実際、程度の差はあれ、これは学術研究の世界に広く見られます。

ここで、社会科学を観光学という言葉に置き換えると同じ事情が見えてきます。観光という対象の同一性を共通項として、既存の学問領域がそのパーツを構成するという構図です。この場合、社会科学というものが「学」として成り立つ（概念化できる）のと同じ意味で、観光学もまた一つの学問領域として成立することができます。ただし、これでは多元的学問領域（multi-discipline）であるとは言えても、とても一つの幹から派生する学際的学問領域（inter-discipline）であるとは言えません。こうして、観光学が学際的学問領域であるかどうかという問いは、実は社会科学自体にも妥当する問題であることがわかります。そしてここでも、観光学が対象の同一性にとどまらない何らかの普遍性を基礎にしているかどうかが問われることになります。

重ねて言えば、学際的であることと多元的であることとの相違は、単に対象が同一かどうかにあるだけでなく、共通の普遍的本質・ルーツを持っているかどうかという問題です。方法論的一体性と言ってもいいかもしれません。

本書は、社会科学一般およびその一部としての観光学のいずれもが、学際的学問領域（inter-discipline）であるという認識に立っています。その根拠は、既述のように、社会的人間および人間社会の本質が、労働における人と人との社会的関係にあるからであり、社会科学一般とともに、この観点から観光学も、一つの「学」としての固有の存在意義を確認できると考えているからです。

現実社会の発展は、しだいに個々の細分化した領域の視点では問題をカバーできなくなり、社会科学研究としての学際性の発揮を求めています。しかし、多かれ少なかれ蛸壺化した多様な領域を寄せ集めて学際性を発揮しようとしても、いきなり方法論のレベルでつながることは困難を極めます。この矛盾は、おそらくは実践的な課題との格闘を通じて解決されていくことになるでしょう。後述するように、既存の「学」の細分化を与件とする中で、それらの集合として登場した観光学は、本来多元的な性格を備えており、その意味でも学際的な研究の発展に、先導的な役割を担うことが期待される学術領域と言えます。

ともあれ、細分化➡蛸壺化に代わって、学際的な社会科学研究が改めて求められるようになってきたのには、それなりの社会経済的な背景があります。話をその点に進めましょう。

3　蛸壺化の行き詰まりとその背景

（一）非物質的生産への移行

資本主義社会は、産声をあげた生成期から工業化に牽引された発展期へという歴史を辿ってきました。これにさらに、私たちがいま生きているところの、「脱工業化」や「ポスト近代」等と形容される現代社会が続きます。もう少し内容に踏み込んだ表現としては、ドラッカーの言う「知識社会」がこれにあたります。それは、機械化・オートメーション化の下での比較的単純な労働や肉体的労働に代って、精神的労働やサービス労働が主役となった社会です。こうした傾向はすでに工業化の時期にも発展してきていましたが、産業別就業者数においてサービス業を含む第三次産業が中心となるのは、前世紀の第4四半期に入る頃からです。

それまでの資本主義社会は、物づくり（重化学工業・機械工業・軽工業等）を中心とするいわゆる産業社会あるいは工業社会（industrial society）であり、物質的財貨の生産を中心とする社会です。これに対して、「知識社会」とも言われる現代の資本主義社会は、精神的生産とサービス生産が牽引する社会です。個人の精神的特質＝個性が生産のあり方に大きな影響を及ぼすという意味で、望田幸男・大西宏両氏は、これを「個性の生産力」化と呼んでいます（『ゆらぐ大人＝男性社会』有斐閣、一九九二年）。これらを非物質的生産と一括しておきます。

非物質的生産は、もちろん産業社会の段階でも多様に存在していましたが、その場合の非物質的生産労働の大部分は、賃労働ではありませんでした。ゆえに、資本主義の本体を発展させる推進力ではありませんでした。ところが、この部分が、賃労働によって担われ、かつ社会システムを変化・発展させるメインエンジンとなってきたのが現代社会です。したがって、現代社会の様々な現象を認識するためには、非物質的生産とは何かについての理解が不可決となります。後述するように、観光学とは何かを理解するためにも、この点は避けて通れない問題です。

① サービス生産

まず、サービス生産ですが、これは物質的財貨ではなく、何らかのサービス（用益・役務）を生み出す生産的行為のことを言います。この場合の生産物の特徴は、物質的財貨のような姿・形がないことです。その限りでは、生産物というよりは、生産行為という方が実体に合っています。例えば、歌手は、歌うという行為を生産します。これは、物理的に言えば、声帯を使って空気の振動を作り出す行為ですが、こうして作り出される音声は、聞き手の聴覚で電気信号に変換され脳に伝達されます。この場合、通常の物質的財貨のような具体的な形を持った生産物はありません。別の例で言えば、マッサージは、客の身体に直接物理的に働きかける行為です。しかし、やはり具体的な形の生産物を作り出す訳ではありません。

学生の皆さんがアルバイトとしてしばしば従事する接客業も、この種のサービス業です。例えば飲食店での給仕の仕事はその典型です。ただし、小売店での接客業は少し性格が異なります。というのは、販売（流通）がもたらすものは、所有権の移転であって生産ではないからです。この点での違いはあるのですが、労働の内容としてみると購入に際しての便宜を図りその実現を手助けするという点で、やはりサービス労働と同質の部分があります。

こうしたサービス労働の特徴は、生産行為が同時に相手の消費行為となることです。その意味で、生産と消費は瞬間的・一過的です。また、物質的財貨の場合のように、労働対象を加工して新たな生産物を作り出すわけでもありません。労働対象である聴衆や客を直接加工することはできません。サービスを受け止めた消費者が、自分自身の生命活動にその成果を反映させます。つまり、こうしたサービス労働は、労働対象である生命体に働きかけ、その生命活動に作用し貢献する、言わば育成・支援労働です。

考えてみると、これらの行為は人類が誕生して以来行われてきたものです。家族の内部で行う育児やマッサージ、食事の世話といった行為を抜きにして、生活は成り立ちません。社会が発展するとともに、こうした行為の一部は、自給的な家事から仕事として次第に自立するようになります。資本主義社会が成立するとこうした傾向はさらに明確になりますが、当初それらの大部分は、個人あるいは自営業的に供給されており、資本主義的な生産にはなじまないものでした。現代を特徴付けるのは、この点に関わる変化です。もちろん、今でも工業分野などと比べると職人的・自営業的な部分は残っていますが、サービス業が圧倒的な広がりを見せる中で、多くは賃労働という形態で労働が行われるようになりました。

ちなみに、観光業に特有な労働の少なくない部分も、この種のサービス労働です。そして、ツアー・コンダクター、ホテル従業員、観光バス運転手、テーマパーク従業員等といった観光関連産業で働く人々の多くは会社に雇われた賃労働者です。こうした形態のサービス労働の広がりがなければ、観光の今日的発展はあり得なかったし、したがってまた、観光学という学術分野の一般的な成立もあり得なかったと言えます。

②精神的生産

あらゆる生産活動は一般に、精神的労働と肉体的（物質的）労働という二つの側面を持っています。にもかかわらず、精神的生産と物質的生産が区別されるのは、生産物の形質に関わります。その生産物の有用性が、物理的属性にあるのか精神的属性にあるのかの違いです。先ほどの例で言えば、歌手はただ声を出せばいいのではなくて、何らかの楽曲を表現しなければなりません。歌うという声の有用性は、聴衆の評価に堪え得る内容を持った歌唱にあるでしょう。別の例で言えば、辞書の有用性はそこに記載された精神的コンテンツにあります。物理的な有用性があるとすれば、装飾品か枕として使用する場合でしょうが、前者の場合は箱だけで中身がなくてもいいし、後者の場合はわざわざ書籍という外形を取っている必要はありません。

こうした事例を一般化すると、精神的生産には二つの形態があります。

その第一は、演奏・演技・授業や講演等のように、何よりもその精神的な内容自体に存在意義がある生産行為です。言い換えれば、物質的な形の創造に依存しない生産行為です。今日の時代を象徴する行為としては、会議での各種プレゼンなどもこの種の精神的労働にあたります。

これらは、前述のサービス労働の定義と連動させるならば、精神的サービス労働と呼ぶことができます。歴史的に見ると、これらの行為も資本主義以前から存在していましたが、貴族など支配階級のおかかえ職人や自営業的な形態にとどまり、かつそうした労働に従事する人々の比率も、社会システムの全体にとっては取るに足らないものでした。資本主義社会の発展とともに、これらの生産への需要も徐々に増大し大衆化しますが、賃労働として社会システムへの包摂がさらに進む中で、「知識社会」の時代には中核的な労働形態にまで成長することとなります。

その第二は、書籍や絵画のように、精神的生産の内容が物質的な財貨に対象化（内包）された生産物です。精神的サービス生産のように、生産と同時に消費される行為としての生産物ではなく、何らかの物質的財貨に具現化される生産物です。このような内容に鑑み、こうした生産物を精神的財貨と呼んでおくことにしましょう。

さらに身近な例を挙げるとすると、例えば音楽ＣＤやＤＶＤ、ＢＤといった記録媒体は、ライブとして行われるコンサートや演劇がその内容をなす精神的財貨です。あるいは、パーソナル・コンピューター（ＰＣ）は、ＯＳ等のソフトウェアがインストールされ、蓄積されたデータと結びつけることによって、初めて作動します。かつて機械の発達は単純作業を中心に物質的生産労働の少なくない部分を駆逐しました。いまや、ＡＩの段階に到達したコンピューター科学の発展は、物質的生産労働にとどまらず精神的労働をも駆逐しつつあります。

コンピューター抜きの生産や生活はすでに考えられません。今日の社会経済における精神的財貨の意義は絶大です。そして、労働の形態として見れば、ここでも主役は賃労働です。要するに、生産の主役が物質的生産から非物質的生産にシフトしたこと、このことが非物質的生産における賃労働の発達と相まって現れていることにこそ、今日の生産活動のもっとも基本的な特徴があります。

以上はすなわち、社会のあらゆる領域に賃労働が広く深く浸透したこと、その点において社会的生産の全体が、賃労働という一つの普遍的な本質に結びつけられてきたことを意味しています。

(二) 個性の生産力化と社会科学の再編

二〇世紀の第4四半期は、経済的には金融の肥大化が問題となる時期であり、情報化を技術的基盤として社会経済の全面的なグローバル化が顕著に進んだ時期です。そして、政治的なイデオロギーとしては、「福祉国家」政策を含む「大きな政府」から、「市場原理主義」と揶揄される市場競争重視の「小さな政府」、「新自由主義」が席巻する時代でもあります。

この時期の産業構造に現れた大きな変化は、既述の非物質的生産の発展に伴う社会的分業の再編と労働市場の流動化です。高度経済成長期における収益構造が壁に突き当たる中で、その中心であった製造業の場合でも金融収益への依存体質を強めます。あるいは、企業経営の多角化やM&Aといった統合再編が盛んになる中で、従来の社会的分業の構造が大きく変わり始めました。これらの事情は、製造業の中でも管理労働を含めて精神的労働の役割が支配的となってきたことを意味しています。製造業の頭打ちの一方で、その外側においてもサービス業や小売業の伸びが目立つようになりました。総じて、製造業を含めて、労働の大きな部分は管理労働、事務労働や企画・デザインから情報化に関わる精神的労働あるいは対面型の接客労働などに担われるようになりました。

同時に、労働市場のあり方も大きな変化を遂げてきました。すなわち、機械化の中で進む工業労働者の過剰化と相まって、いわゆるサービス経済化の中で、就業構造が劇的に変化します。それとともに、次第にまた着実に非正規雇用の拡大など、労働市場の著しい不安定化にもつながっていきました。

これらの労働におしなべて言えることは、一定の専門性が要求されつつも、むしろ課題の急激な変化にも柔軟に対応できる汎用的な対応力（いわゆるジェネリック・スキル）が求められることです。そして、対人的な労働においては、コミュニケーション力、これを裏付ける論理的な思考力や個性・感性の発揮という、機械作業の時代には考えられなかったような資質が労働者に対して日常的に求められるようになりました。これは、一面で既存の固定的な分野を貫通する横断的な能力の発揮であり、しばしば異なる領域にまたがる多様な活動経験と認識の発展です。

こうした状況は、社会科学のこれまでのあり方に変革を迫ります。

まず、市場が、それまでは市場外にあった部面も含めて、さらに広範な生活領域に浸透したことです。少し例を挙げてみましょう。例えば家族という非市場的共同体への浸透です。かつては夫のみが賃労働者であったものが、共働きが増え、さらに子どもまでがアルバイトということになると、家族であることの意味が大きく変化せざるを得ません。このような変化は、「学」の領域で言えば、家政学もしくは生活科学の対象が強く市場に包摂されたことであり、市場との関係という視点を持たずに科学的な分析は困難となります。

あるいは、文化はどうでしょうか。伝統的な文化や風習もまた様々な形で市場の影響を免れません。それらを守ってきた地域や家族という基盤が市場化の中で脆弱化するに伴って、伝統文化の存続は収益の確保と市場環境の構築に依存するものとなります。

さらに、新しい文化に目を向けると、その創造は市場的条件と強く関わるようになります。例えば、アニメ作品は、企業的管理の下でいまや多くの賃労働者の協業によって創造される領域になります。文化の普及を考えると、マーケティングへの依存は決定的なまでに高まります。アニメ作品の創造という精神的労働、それも賃労働との決定的な関係性の拡大を確認することができます。

こうして、かつては市場（経済）の外側にある領域と観念されていた文化が、実態としてはより広く深く資本主義的な生産・流通関係に包摂される中で創造され、消費されるという状況が生まれてきました。その再生産と流通の大きな部分は、今では精神的賃労働によって支えられているのです。この場合、文化を対象とする社会科学の各領域は、蛸壺化を脱却しない限り、表層的なファクト・ファインディング、諸現象の単なるコレクションという傾向を強めざるを得なくなります。

以上の非常に断片的な描写によっても、市場原理の浸透と資本・労働の不断の流動化を背景に、様々な事象がこれまでになく多様かつ錯綜した相互関係の中で生じるようになっていることがわかると思います。そうすると、従来の比較的固定的な領域内の議論では問題の認識が困難となり、学際的な対応が求められるという構図です。やや大胆な言い方をすると、資本主義社会において、その生成期であったからこそ総合的であった社会科学が、発展期における細分化を経て、再びより高次の段階での総合性を必要とされる基盤が生まれつつあると考えることができます。

既述のように、社会的人間・人間社会が、他の動物一般と区別されるのは、人間が労働する存在であるということに帰着します。資本主義社会とは、その労働が賃労働という形態をとる社会に他なりません。そこまで問題を深層に還元することによって、ある特定の現象を「学」の対象として措定し、それを inter-disciplinary に分析し認識することが可能となります。

こうした状況の中で、観光がリーディング・インダストリーの一つとして台頭し、したがってまた観光学が一つの固有な社会科学の領域として誕生し発展してくることになります。

二　社会科学としての観光学

1　観光の定義

まず、観光学とは何かを理解するためには、この幹の部分の固有な対象を明らかにしておくことが必要となります。

観光学に限らず、あらゆる学問領域は、対象を限定することによって成立しています。端的に言えば、経済学は経済、社会学は社会、歴史学は歴史といった具合です。しかし、これは実は逆で、経済を対象とするから経済学、社会を対象とするから社会学という関係にあります。同様に、観光を対象とするのが観光学ということになります。したがって、まず観光の定義を確認することから始めましょう。

高度経済成長期終盤の一九六九年に出された、政府の観光政策審議会答申の定義から見ていきましょう。同答申は、レジャー（自由時間）における行為の中で、「鑑賞、知識、体験、活動、休養、参加、精神の鼓舞等、生活の変化を求める人間の基本的欲求を充足するための行為」をレクリエーションと規定します。その上で、「観光はレクリエーションの一部であり、両者の相違は、日常生活圏を離れるかどうか」にあり、観光を「日常生活圏を離れて異なった自然、文化等の環境のもとで行おうとする一連の行動」と定義しています。

細かい点はさておき、この定義は観光についての経験的な理解と大きな齟齬はないでしょう。本書では、もう少し簡略化して観光を「**非日常空間への移動を伴う自由な鑑賞・創造・交流活動**」としておきます。これらに含まれている要素を、日常・非日常、自由・拘束という視点からマトリクスとしてあらかじめ示しとおくと次のようになります。

	日常空間	非日常空間
自由	個人的消費と余暇活動	観光
拘束	仕事（賃労働）	出張等

これらの具体的な内容については、もう少し後で説明します。

この定義は、「非日常空間への移動」、「自由」「鑑賞・創造・交流活動」の三つのパートから構成されています。以下では、説明の都合で順序を逆にしますが、これらのそれぞれが持つ意味内容を検討することから始めましょう。

2　観光学の核心

（一）鑑賞・創造・交流活動

まず、「鑑賞」ですが、この言葉が頻繁に使われるのは、映画・演劇・音楽・絵画といった場面でしょうか。自然景観や街並みなども鑑賞の対象です。鑑賞という行為の本質は、経済学的な言い方をすれば消費です。消費には、生産的消費（生産物を作り出すための消費）と個人的消費（個人が自身を再生産するための消費）がありますが、この後者です。

消費と言ってしまうと、食事や衣服等の消費財の利用を思い浮かべる人もいるでしょう。確かに、観光の目的の一つに、ご当地の名物料理を食べるという消費行為がしばしば含まれます。これに対して、映画・音楽・美術の鑑賞は、対象を直接口に入れるわけではないので、消費と言うと違和感があるかもしれません。しかし、目や耳から光信号や音波を受け取り、電気信号に変換して脳に吸収します。読書も言語を介して内容を脳に取り込む行為です。要は、個人的消費とは対象を自身に取り込むことであり、その意味でインプットする行為と言うことができます。

個人的消費＝インプットという行為の特徴は、自分自身に取り込む行為であって、他人に代ってもらうということはできないことです。ご馳走や衣服は他人に譲ることは可能ですが、その場合は譲られた人の個人的消費となり、譲った人にとっては消費としての意味をなしません。

これに対して、「創造」とは、生産的消費を通じて、自身の外側に何かを創造する行為を指しています。これも消費に対応する言い方をすれば、生産に他なりません。インプットに対するアウトプットと言ってもいいでしょう。

観光は、もともと消費活動を中心とするものでした。ところが、近年では、例えば体験型観光という言葉をよく耳にします。何を体験するか、それは農業であったり、陶器の制作であったり、実に様々です。これらは、その内容としては消費ではなく、明らかに生産的行為です。次の、ロマン・ロラン『ジャン・クリストフ』の一節は、創造の普遍的価値を強調しています。

「喜びはただ一つしかない。創造する喜びがそれだ。創造する者たちが、生きている存在だ。……生のすべての喜びは――愛も、天才も、行動も――創造することの喜びだ。」（河出書房版、世界文学全集一三）

次に、「交流」は、これも一般的な言い方をするとコミュニケーションを意味します。その場合、会話すること自体を楽しむ場合から、鑑賞・創造に関わる諸活動の手段として、あるいは結果として実現するコミュニケーションまで様々でしょう。生産・消費という行為がコミュニケーション、すなわち出会いと共同関係の創造を伴うことは不可欠であり、これらの要素は、人間活動一般の三位一体的な要素を成すものと言えます。

以上、観光の本質が、消費・生産およびコミュニケーションであることを見てきました。空間との関係を考慮しなければ、これは余暇活動一般の本質でもあります。「答申」の言うところによるレクリエーションです。ということを確認した上で言えば、この三つの要素の前提をなす人間の本質的な活動として、忘れてはならないものがあります。労働がそれです。

人間が猿から進化する上で、労働は決定的な役割を果たしました。労働は、まず第一に、自然に対する働きかけです。例えば、家を建てるために木を切り、これを加工して柱や板を作ります。そして、あらかじめ描いておいた設計図に従ってこれらを組み立てます。つまり、労働は、目的を持っています。また、これを実現するために、鋸や金槌などの道具も創り出します。そして、これらの労働手段を統合して活用することを通じて目的を達成します。

第二に、労働は、自然だけでなく他の人間に対する働きかけでもあります。子育てや教育は、人間が生きていく上で欠くことができない行為としての労働であることは自明です。対象が自然であれ人間であれ、これらの行為は、対象に対し目的を持って関わるということです。この点では、労働を合目的的関係運動であるというように表現することができます。

それだけではありません。人間は、こうした労働を通じて、自分自身の知識や技能を高め、自分自身を成長させ変革しようとします。しかも、この過程は意識的に行われます。言い換えれば、人間は、自分自身をも変革の対象として意識しています。

少し難しくなりますが、ドイツの哲学者ヘーゲルは、こうした自己を対象とする自己意識を

「対自」（「向自」）"für sich"という概念で捉えました。これの反対語が「即自」（"an sich"）で、内発的な欲求のままに行動する状態を指します。動物の意識は即自的なものであるのに対し、人間は即自かつ対自というように、自己意識が二重化しています。目の前のご馳走をたくさん食べたいという欲求があるとして、自身の美容と健康のためにあえて少ししか食べないと考えるわけですが、その場合美容と健康に関する社会的な意識に基づいて自分自身を制御しています。

こうした特性を加えて改めて定義すると、労働とは対象に対する対自的な合目的的関係運動であると言うことができます。

ここで注意を要することは、非労働時間としての余暇においても、対自的な合目的的関係運動は多様に存在しているばかりか、むしろ不可欠な要素として発展してきていることです。創造はまさに労働そのものですし、これが人相手になると交流になります。これに対して、鑑賞は個人的消費ですが、鑑賞という行為にも実はしばしば労働が付随しています。例えば、食事をするためには、自分で料理を作ることがあるでしょう。風景を観賞するためにはその場所に足を運んでスケッチしたり、読書による学習はノートをとったりするといった具合です。余暇活動における体験型活動の発展というのは、この意味で余暇活動における労働の発展と同義であり、余暇において労働すること自体が目的となった活動を意味します。

労働とは、人間を動物一般から差別化してきたところの、人類史を貫く対自的な合目的的関係運動です。そうしたものとしての労働が、資本主義社会においては賃労働という形態をとる、ということが資本主義認識の出発点であり終着点です。そのことが、余暇および余暇活動としての観光を生み出し発展させてきました。とすれば、一方における余暇活動と賃労働との本質的な一体性と、他方における対峙的関係への両者の形態上の分離を踏まえて、労働をめぐる諸矛盾とその発展との関係において余暇活動や観光の発展を認識するという方法、これが inter-discipline としての余暇学や観光学の基本ということになります。

（二）自由

ここで、余暇活動と賃労働が分離される際に、両者を分かつ分水嶺が「自由」という概念です。資本主義社会においては、労働は一般的に賃労働として現れます。労働力の売り手としての労働者が、雇われて行う労働です。一般的にと断ったのは、それ以外の労働も存在するからです。例えば、自営業における労働は、自分または家族の経営において行われる労働であり、そこに雇用関係は不可欠ではありません。非労働時間に行われる労働としては、家事労働があるし、前述の余暇活動に内在する労働も存在します。しかし、資本主義社会を特徴づける普遍的な労働形態は、やはり賃労働です。実際、この社会に暮らす人々は、賃労働を労働として観念するのが常であり、余暇活動としての労働は言うに及ばず、家事も長い間労働としては意識されてきませんでした。この意味で、現代社会では労働＝賃労働ということになります。

対自的な合目的的関係運動それ自体を見た場合、労働の目的の設定、労働の成果としての生産物の処分、労働過程の管理と実践は、労働者にとって一つの全体をなすプロセスです。そして、これに生産物の消費が後に続くことによって、人間の生命活動の一連の過程は完結します。しかし、このプロセスが賃労働として行われた場合、労働は次のような意味で自己完結性を失います。第一に、成果である生産物の処分ができなくなります。例えば、家電メーカーでテレビの生産に携わったとしても、出来上がったテレビは労働者自身のものではありません。

第二に、労働の仕方に対する管理権・決定権がありません。テレビの生産全体（生産量や生産ラインなど）を取り仕切るのは、経営者や工場長であり、労働者はその指示に従って働きます。

第三に、この結果として、労働の目的は、何をどのように作るかという内容よりは、もっぱら賃金の獲得に向けられるようになります。

要するに、自分の意思に基づいて自分で生産する場合の労働に比べて、これらの点で労働が自己完結性を失い一面化されます。そして、この意味において、労働の自由は阻害されます。

これに対して、非労働時間に行われる余暇活動としての労働は、その目的や管理が基本的には自分の自由意思で行われること、目的も所得ではなくその内容に関わる自己の欲求の充足に置かれる限りで、自由な労働が実現します。もちろん、この場合でも過程の管理がうまくいかずに予想した結果が得られない場合はストレスが生まれ、その点では不自由さを味わう可能性があります。しかし、それはその教訓を生かした新たな実践としての自由な労働を実現する一つのプロセスであり、社会システムに起因する不自由ではありません。

以上のような意味において、自由かつ対自的な合目的的関係運動としての余暇活動と、これも主体的に行われる個人的消費活動からなる余暇は、賃労働が行われる労働時間以外の自由時間として現れることになります。

この場合、家事労働等が自由な時間であるかどうかは、それが余儀なくされた活動か、主体的な活動かに関わる問題です。ただ、余儀なくされた活動であるとしても、その管理や成果がその従事者に属するものである限りでは、やはり賃労働とは本質的に区別される自由な活動という範疇に含まれると考えるべきでしょう。

こうして、自由という概念を取り入れることによって、余暇活動（「答申」の言うレクリエーション）は、賃労働としての労働とは異なる概念として設定することができるようになります。ここから、観光という概念に到達するためには、さらに「非日常空間への移動」という要素が付加される必要があります。

(三) 非日常空間への移動

最後に問題となるのは、「非日常空間への移動」ということの意味です。移動の起点は「日常空間」ですから、まず明確にしておく必要があるのは日常空間とは何かということです。

日常空間は、言葉の一般的な意味としては日常的な労働生活と消費生活（余暇活動を含む）が行われる生活空間です。さらに、人間は社会的・集団的な動物であるという点を加味すると、日常空間は社会的な空間です。空間それ自体は物理的な概念ですが、当該人間社会が日常的な生活実践の対象をなすという関係の中で日常空間が存在するわけです。

ただし、生活実践と言っても様々ですから、日常空間は一つの特定の空間に限定されるものではなく、多様な階層性を持つ概念です。例えば徒歩圏を一次生活圏、日常的な買物エリアを二次生活圏、時々は出かける日帰り圏域を三次生活圏といった具合です。さらに、自治体が一つの固有の意味を持つ場合にはこれも含まれるでしょうし、もっと広げると民族や国家という単位が一つの固有な社会的関係性を有する生活空間ともなります。グローバル化した今日では、地球＝世界全体が何らかの程度に日常性を帯びた空間ということもできます。その意味では、日常空間と非日常空間との区別は、相対的かつ流動的です。

面白い議論があるのですが、何らかの日常生活圏があるとして、例えばそこから五〇キロメートルまでだったら単なる日常的なレジャーだけど、それ以上だと観光になるというような見方です。しかし、両者の区別はこうした意味での絶対性を基準とすることはできません。日常生活圏が交通手段の発展とともに変化することは、誰しもが経験的に理解できることです。

一方、時間的距離を基準にすると、片道一時間までは日常生活であり、それ以上は非日常＝観光、あるいは少し見方を変えて、日帰りはレジャー、一泊すれば観光というような見方も出てきます。観光の実態を把握する上で、それぞれ一定の意味はあるでしょうが、いずれも便宜的・形態的な区別であって、観光というものの本質的な規定には到達し得ません。

観光という概念が成立するためには、こうした便宜上の区分ではなく、日常空間から非日常空間への移動という行為が持つ本質的な意味を明確にすることが必要となります。

二つの空間を区分する前提は、ある社会集団は、通常は空間的な一体性の中で存在していることと、すなわち空間を共有しているということです。通常と書いたのは、今日では、空間に拘束されないバーチャルな社会集団が多様な形で存在することとの対比においてです。しかし、当面はこの点は横において、「リアル」な生活空間で考えていきましょう。

ちなみに、空間の共有は、英語の co-presence（日本語では「共在」と訳されています）とほぼ同義です。この単語はいくつかの意味を持っているようですが、本書で言う空間共有という意味は、“Oxford Reference”でみると、次のように定義されています。

The simultaneous presence of individuals in the same physical location, not necessarily engaged in face-to-face interaction with each other.（必ずしもお互いに対面する交流である必要はないが、同一の物理的場所における諸個人の同時的な存在）

この理解を前提にすると、co-presence（共在）としての日常から離れ、非日常の世界に入るということが、人間の生命活動の中でどういう独自の意味を持つのか、がここでの本質的な論点です。

まず、日常空間が住み慣れた既知の世界との交渉だとすると、非日常空間への移動は、それ自体が多かれ少なかれ未知との遭遇、新たな出会いを伴います。これは、言わば観光する主体にとって、好奇心や冒険心を満たす貴重な機会の出現です。

このことの意味を、もう少し意識の構造の視点から掘り下げてみましょう。

既述のように、人間の意識は、対自的な意識と即自的な意識に二重化しており、その統一として存在しています。対自的な意識は、社会というフィルター（社会的意識）を経由して、自分自身を言わば外側から見る意識です。この社会的意識は、上述の日常的な共在空間、すなわち生活圏から国家等もっと広域的なレベルを含めたやはり重層的な意識として存在しています。

とすれば、異質な社会的空間の体験は、日常的な社会的意識それ自体の独自性・特徴を発見し再認識する機会となります。異質な社会的空間に入り込むと、自身がこれまでなじんできた社会的空間の特性が浮かび上がります。日常空間はこれを取り囲む非日常空間の一部分として存在しているわけで、社会空間レベルでの対自的認識と言ってもいいでしょう。自己意識は社会的意識を媒介として成立しているため、これは同時に自分自身を発見し再認識する新鮮な体験を意味します。

もっとも、こうしたことは、実は日常生活においても、また映像・書物の鑑賞等によっても、様々に体験できる事態でもあります。日常の中に非日常を垣間見るということです。しかし、ここで空間概念がとくに意味を持ってくるのですが、異質な社会的空間の中に入り込む場合において初めて可能となる体験があります。それは、比喩的に言えば空気に触れる、自身の五感を通じてそれらの異質性を感じとるという体験です。「百聞は一見にしかず」と言いますが、この五感を通じた直感的な感性的認識こそがこの種の行為の独自的な内容です。

以上は、時代を超えて非日常空間への移動が持つ一般的な特質です。次に考えていく必要があるのは、資本主義社会特有の欲求のあり方と意識構造です。

既述のように、賃労働の場合、労働の自己完結性・主体性が喪失し、その分しばしば労働の喜びが損なわれます。現代の社会システムが強制する賃労働にまつわる競争原理の貫徹は、労働者の社会的意識を矛盾に満ちたものとして発展させています。こうした中で形作られる自己は、様々な協働・共感体験を通じて幸せを実現する自己であると同時に、一方で競争および敵対的関係の激化の中で孤独や不安感に不断にとらわれる自己でもあります。様々な幸せの形を垣間見ることができる一方で、生き苦しさや疎外意識が多かれ少なかれ蔓延します。交通手段の発達や移動のアフォーダビリティの発展とも相まって、こうした状況は、自分が住んでいる社会からの一時的脱出や他の異質な世界を直接体験しようとする欲求を発展させます。異質な地域空間との遭遇に、ストレスからの脱出や見直しの契機の発見を期待する心理です。

戦後明確となる大衆観光は、とくに二〇世紀の第4四半期以降、サービス経済化と表裏一体の現象として発展してきました。その頃から、旅の目的について、しばしば「自分探し」が登場するのは、自分を探さなければならない社会的状況があるからです。「自分探し」は、その意味で、現代の社会システムが孕む諸矛盾が生み出す歴史的な欲求であり、観光は、ここで特別に重要な役割を担った行為として発展してきたと言うことができます。

このように見てくると、観光は余暇活動の一部でありながら、余暇活動一般にはない独自な社会的意義を持っていることがわかります。余暇研究と観光研究が、本質的な一体性を持ちながらも独自の学術領域として展開する背景には、研究者の主観的意図は別としても、こうした観光の余暇活動一般に対する相対的独自性があるからだと考えることができます。

3　観光学の実践領域

以上の説明から、観光学の固有性が何よりも観光を行う主体のあり方に関わることがわかります。これは経済学的に言えば、需要の特質こそがこの分野の存在意義のベースにあるということです。しかし、社会システムは、実践的に見ると需要と供給の循環運動によって成り立ちます。特殊な需要が生じるということは、これに対応する特殊な供給が存在するということでもあります。ということは、観光学は、需要を構成する観光主体のあり方をベースにしながら、需要と供給および実践的にこれらに関連する社会現象の総体を対象とする学であるということになります。

ここでは、賃労働の外側にある余暇活動としての観光の発展が、余暇・観光ニーズに対応する産業と市場の発展を通じて実現してきたということが重要です。観光関連産業は非常に多分野にわたりますが、その中核に位置するのがサービス業であり、サービス労働です。サービス経済化は、現代資本主義社会の普遍的な傾向であるとともに、現実にはその中の基幹領域の一つが観光関連産業です。こうしたサービス産業とサービス賃労働の発展が、余暇活動としての観光を支え、観光の発展がサービス経済の発展を促進するという関係がそこにあります。こうして、サービス供給を担う各種観光関連産業・事業体等の解明は、観光学としての教育研究の重要な課題となります。

サービス経済化のもう一つの傾向は、精神的労働――ドラッカーの言う知識労働――の発展です。賃労働者の主要部分は、いまや肉体労働ではなく精神的労働に携わっています。各種文化活動に従事する労働者も、今日では少なからず賃労働者です。観光地の魅力を生む観光空間の保全や開発の主要な担い手は、精神的サービス労働に従事する公務労働者を含む賃労働者です。観光・景観まちづくりは、しばしば公務労働者と地域住民、地域の事業者との協働として推進されています。こうした事象もまた観光の発展を担う重要な活動として、観光学の研究対象に含まれます。観光が、既述のように空間共有ということと不可分なものであることは、自然的・社会的空間の創造と供給が、観光学の重要な構成部分となることを示しています。

4　観光労働について

そもそも何らかの程度に移動を伴う鑑賞・創造・交流自体は、日常生活を含めたすべての人間活動で現れる普遍的な行為なので、上記のようなサービスを提供し流通を担う事業体もまた、社会全体の普遍的な存在です。したがって、この領域での観光学の中心的な対象は、これらの中でも主として観光者を対象とし、観光行動に関わる事業体ということになります。そして、こうした事業体で働く観光労働者の特質として、注目されるべきは、「感情労働」の問題です。感情労働とは、対人サービス業において、感情に関わる繊細な表現活動までが労働において必要とされ、大きな役割を演じる労働を言います。

観光労働の中心をなしているのは、接客労働などの対人サービス労働です。観光者は、既述のような意味で楽しみを求めてやってくるわけですから、この期待に応えること――いわゆるホスピタリティの発揮が求められます。このこと自体は、実は対人サービス業一般に妥当することですが、通常の生活における場合と比較すると、観光者においてはとくに期待値が大きいということになります。

既述のように、資本主義社会での物質的生産労働は三つの意味で自己完結性を欠いていました。これが対人サービス労働に代わる場合にどうなるか考えてみましょう。

第一は、生産物が自分のものではないという問題でした。サービス労働の場合の生産物は、サービスすなわち生産行為そのものです。この行為が自分のものであるということの意味は、商品生産社会の場合にはそれを商品として販売する自由があるということです。したがって、例えばある評論家が、講演を頼まれてその対価を受け取るという場合には、この種の問題は回避されています。別の言い方をすれば、この評論家は、自営業者としてサービスを販売しているということです。しかし例えば、客室乗務員は、機内で行ったサービスの対価を直接受け取るわけではありません。乗客は、運賃を航空会社に支払い、会社は乗務員に労賃を支払います。この場合には、乗務員の行うサービスは、会社のものであって自分のものではありません。

客室乗務員にかかわらず、サービス業や商業における接客労働の場合には、一般に消費者との直接的な関係から生じる人間関係上の問題が加わります。「お客様は神様」であるという関係の中で行われる各種サービス労働やセールストークにおいても、時として組織の論理と個人の気持ちとの相克が起きます。客の要望に添わない商品であっても、ノルマをこなすためには売らねばならないということも起こります。いやな客に対してでも、笑顔を振りまかねばなりません。自分自身の人間性や感情と抵触する演技が求められます。これが、いわゆる感情労働に伴う対人的な精神的軋轢です。

第二に、客室乗務員は、その労働の発揮の仕方や内容を、会社から管理されています。もちろん、乗務員の裁量も何らかの程度に認められる面もあるでしょうが、乗務員は、基本的には会社の作ったマニュアルに従って働きます。その内容を自身で管理し企画する側面があるとしても、あくまで決められた枠の中でのことです。

第三に、したがって、こうした状況下における対人サービス労働は、多かれ少なかれ生きていくために余儀なくされた労働としての側面を強めます。労働者相互の連帯感、主体的な協働的感覚はそれだけ抑制され、むしろ他の労働者をどれだけ上回るパフォーマンを見せるかという競争的動機と賃金の獲得が労働の主要な目的になります。

対人サービス労働の多くは、コミュニケーションが大きな役割を果たします。生きていくためには、人類が歴史上経験したことがない多様なコミュニケーションを、頻繁かつ多様に展開しなければなりません。サービス業が大きな比重を占めるようになったこの社会では、賃労働者は、この種の人間関係上の軋轢・ストレスを日常的に抱えており、その限りで人間関係をめぐる慢性疲労とでも言うべき事態が現れがちです。対面型コミュニケーションにおける共感の実現が絶えずこうした事情に妨げられる傾向を持つ結果、現代人は、よほど処世術に長けた人以外は、日常的に対人関係上のストレスを抱え、これが「重篤化」した場合は、ひきこもりなど社会的適応障害が広がることにもなってしまいます。

観光関連労働は、それ自体としては楽しみを求める人たちの役に立つという、大変やりがいのある労働であるとともに、こうした感情労働に伴うストレスにも直面します。これは、サービス労働研究全体の課題であるとは言え、とくにホスピタリティの発揮を強く求められる観光労働に関して、避けることのできない教育研究課題となります。

三　観光をめぐる社会的諸問題

1　環境破壊と観光

観光の発展はこれまで、ポスト工業社会に顕在化した地域経済の困難を克服する救世主のように扱われてきた面があります。あるいはまた、国連の「観光は平和へのパスポート」というスローガンにあるように、頻発する地域紛争の抑止力としても期待されてきました。これらの動きの限りでは、観光の振興は概して無条件に善として捉えられてきたと言うこともできます。

しかし近年、肥大化した観光が、社会生活の安定を脅かす存在という一面を露わにしています。例えば、観光をめぐる社会問題として浮上してきた「オーバー・ツーリズム」は、こうした観光の持つ負の側面を象徴する社会問題と言えます。

スペインのバルセロナでは、大勢の観光客が押し寄せるようになった結果、多くの住宅が民泊に転用される中で住宅価格が高騰し、住民生活に深刻な困難が生じました。そのため、観光客の制限が政治的課題となり、各所の対策が講じられています。日本でも、例えば京都では、やはり民泊をめぐる周辺住民とのトラブルや、繁華街のような混雑の中で古都の情緒がダメージを受けるなどの問題が生じています。「住んでよし、訪れてよし」というウインウインの関係が、あるレベルを超えると逆の関係に反転するという皮肉な現象です。

もともと日本では、高度経済成長期以来、とくに大都市において、中山間地の過疎問題の対極において、過密問題が社会問題化していました。一般に、過密問題は、成長産業が集積利益を求めて特定空間に集中立地することから生じてきたわけですが、観光が一大産業部門となる中で、とくに集客力の強い観光地においてオーバー・ツーリズム問題が顕在化したわけです。何らかの方法での観光客流入の総量規制も必要になると考えられますが、定住者ではなく一時的滞在者の流入にどう対応するかという、グローバル時代の新たな社会的課題が出現しています。

こうした例にも示されているように、観光に起因する自然破壊に伴う環境問題や伝統文化の破壊といった問題とともに、持続可能な観光と地域経済の安定的な振興をどう両立していくかが問われる時代となっています。

2　格差拡大と観光

一方、現代の観光をめぐる大きな問題の一つは、社会経済的な格差が拡大する中で、観光に行くことが困難になっている人々が増えていることです。

図1は、経済の高度成長が開始された一九五〇年代半ばから、二〇二〇年までの日本の経済成長率（暦年ベース）をみたものです。高度経済成長期の平均成長率が九・二％であったのに対し、オイルショック以降からバブル経済期を含むいわゆる低成長期の平均成長率が四・一％、バブル崩壊以降の時期が〇・八％であり、不良債権問題等の圧力の中でマイナス成長も散見される状況に至ったことがわかります。

このような事態は、オイルショック後の金融の肥大化から新自由主義発展に至る世界的な流れの中で、「大きな政府」による経済成長が行き詰まることの反作用として現れてきました。図1のように、日本においても経済成長率が鈍化する中で同様の傾向を示していきます。日本の場合は、成長率が突出的に高かった分、バブル崩壊後の経済の低迷ぶりはとくに顕著でした。

こうした事態は、この社会を動かす競争の原理が、いっそうむき出しの形で貫徹し始めたこと

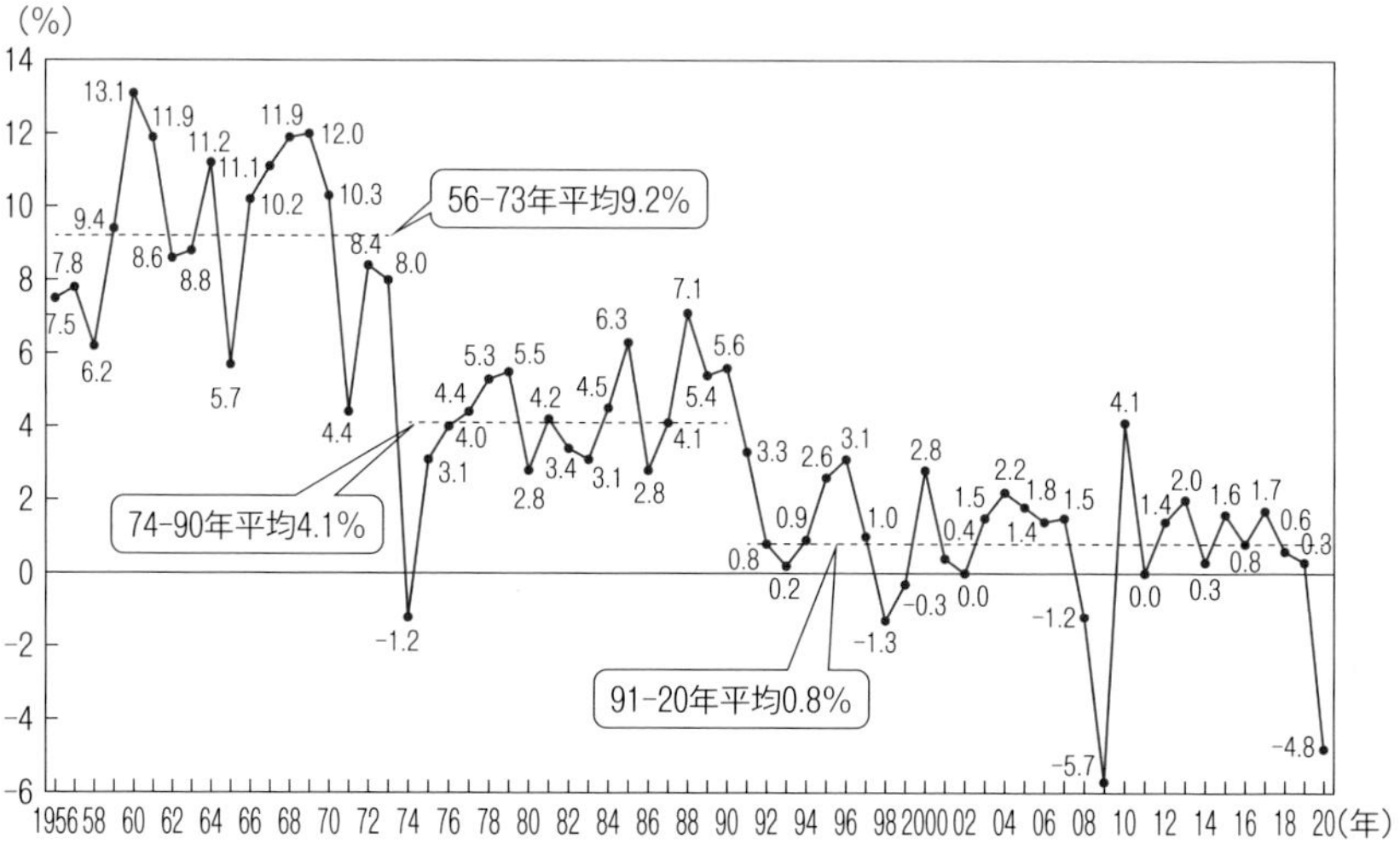

図１　日本の経済成長率の推移（暦年）

（出所）社会実情データ図録.（データ）内閣府.

を意味します。格差を伴いながらも全体が右肩上がりであった時代の競争と、生き残りをかけた生存競争との違いです。競争の中にも青天井の下での競争と弱肉強食の生存競争があるとすれば、こうした事態は敵対的な生存競争が支配的な時代への突入を物語ります。敵対的競争といっても、必ずしも皆が表だって喧嘩しているわけではありません。客観的にみて自身の存続・発展が他者を蹴落とすことを必要とする状況が日常化するということです。一部の勝者と多数の敗者への二極化、富の蓄積の一方で進む貧困の蓄積、そうしたものとしての格差拡大と言えます。

こうした経済状況は、とくにバブル経済が崩壊した一九九〇年代以降における不安定雇用の増大として現れてきました。図２によれば、一九九〇年からの三〇年間に、非正規雇用比率が大幅に増えていることがわかります。今日では、男性では二〇％以上、女性では実

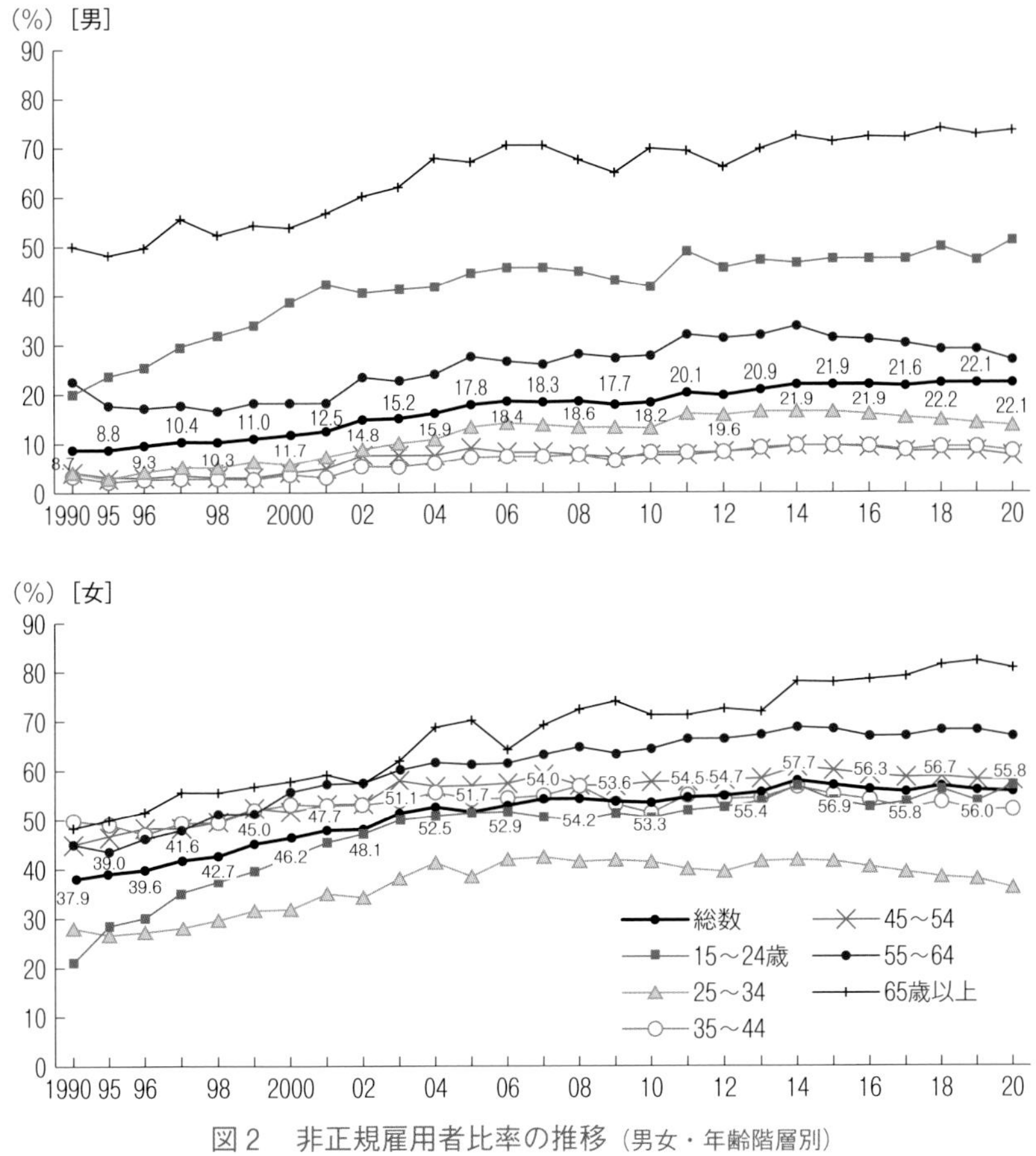

図2　非正規雇用者比率の推移（男女・年齢階層別）

（注）非農林業雇用者（役員を除く）に占める割合．1～3月平均（2001年以前は2月）．非正規雇用者にはパート・アルバイトの他，派遣社員，契約社員，嘱託などが含まれる．数値は男及び女の総数の比率．2011年は岩手・宮城・福島を除く．

（出所）社会実情データ図録．（データ）総務省．

に五五％以上が非正規雇用者で占められています。

こうした中で、一見華やかな観光立国の影で、実は観光どころか衣食住に事欠く人々が増大しています。東日本大震災の後、著者の周辺の観光学部の学生は、災害ボランティアにとくに熱心でした。その理由を尋ねたところ、ある学生はしばらく考えた後、次のように答えました。観光学部の学生は光の部分に強い興味を持っているから、影にも関心が強いのではないかと。

格差は、経済的な問題だけではありません。障害者や高齢者の場合には、程度の差はあれ、移動の自由が身体的・物理的にも制約されています。所得格差・体力格差など、観光のあり方に大きな作用を及ぼす格差を乗り越えて、誰にでも観光へのアクセスが可能な状況を作り出すこと、social tourism、accessible tourism の振興が世界的な課題として浮上しています。

3　深刻化する孤独問題と観光

観光が日常生活から離れ非日常空間への移動を伴う活動だとすると、そのもっとも対極にあるのが「ひきこもり」です。その意味で、観光学は、労働との関係で諸現象を捉えるとともに、逆説的ですがひきこもりに象徴される孤独問題をもそのメダルの裏側に捉えることになります。

二〇一八年に、イギリスの保守党内閣が孤独担当大臣を置いたことをご存じでしょうか？　イギリスに限らず世界各国ですでにその何年も前から孤独感染症（loneliness epidemic）の脅威が指摘されていて、世界的な広がりを持っている点から言えば、コロナ・パンデミックに対して孤独パンデミックという表現も可能でしょう。

ひきこもりは、この感染症の典型的な症状の一つですが、世代的には若年層から高齢者にまで及んでいます。

若者たちの多くは、概して楽しそうに語らい合い、キャンパスライフを満喫しているように見えます。しかし、よく観察すると、その楽しげな様子とは裏腹に、深層の部分では人間関係に悩む人が次第に増えてきていると感じます。『一緒にいてもスマホ』の著者シェリー・タークルも指摘しているように、とくにスマホが広がってからはそうした傾向が顕著で、NHKの番組（「クローズアップ現代＋」）はこれを「つながり孤独」と名付けました。言い得て妙です。

一方、『世界一孤独な日本のオジサン』（関本純子著、角川新書、二〇一八年）という本が出版されるぐらい、実は企業人においても問題は深刻です。ちなみに、この本はなかなか読み応えがあるので、とくに男性の方は一読されることをお勧めします。いわゆる「八〇五〇問題」も、現代日本の孤独問題を象徴しています。

ひきこもれば労働市場から脱落するわけなので、孤独問題の社会的コストは極めて甚大です。その損失は、喫煙のそれを上回るという研究結果も公表されています。国家が担当の大臣まで置いて対策に乗り出す所以です。

そもそも人は集団で生活する社会的な動物です。ひきこもりを想像するとすぐにわかるように、身の回りの社会関係に入れないか、引き離されることで人は孤独感に陥ります。その症状は、ウイルス感染同様に人それぞれですが、これだけ社会問題化するということは、そこに確固たる社会的な原因が存在しているとみるのが自然です。

人間関係上の悩み自体は、人類史上常に存在したでしょう。しかし、現代社会では一般に他者との多様な交流の中に様々に幸福を見いだす機会が増えた一方で、問題は、人間関係をめぐる緊張の連続が孤立感やストレス性の慢性疲労を日常的に生み出している点にあります。この症状が強まるとうつ病やひきこもりを引き起こし、重篤化した場合には絶望感から自死に至ることも稀ではありません。コロナ禍の下で、さらに生活の困難が加わり自殺者が増えていることは、マスコミ報道にある通りです。これらを総称したものが孤独感染症と言うことができます。

では、なぜこのような社会現象が広がるのでしょうか。少し歴史を遡ってみましょう。かつて、社会制度としては例えば家父長制があり、大多数の人々はムラ社会で暮らしている時代がありました。今から見ればいろんな理不尽さがあった時代ですが、ただそれらの集団には伝統的で明確な社会的規範（ルール）がありました。ルール違反は「ムラ八分」に見舞われるとしても、これに従っている限りは集団に守られ、その限りで孤立はしません。これに対して、現代社会では社会的規範がどんどん変化していき、人間関係を律するルールが流動的です。その推進力となってきたのが市場メカニズムの浸透であり、それによる伝統的諸関係と規範の解体です。

さらに、変化が速いだけでなく、そもそも市場社会では社会的諸関係を形作る規範が二元化します。「経済学の父」と呼ばれるアダム・スミスに代表される古典派経済学では、この社会ではほとんどあらゆる物が商品として現れること、そして、商品が使用価値と交換価値という異質な二つの要素の統一であることを明らかにしました。使用価値とはある物の固有な社会的有用性、交換価値とは平たく言えば価格です。

現代社会では、私たちは何をするにもこの二つの要素――使用価値原理と交換価値原理というように表現しておきます――を天秤にかけてものごとに対処しています。例えば「婚活」をする場合、性格やビジュアルは前者、年収は後者といった具合です。両方の要素が必ずしも両立するとは限らず、しばしば矛盾します。ムラや家族といった集団は、その内部では基本的に使用価値原理でものごとが進みますが、市場社会では両方があり、しかも利益やコストといった交換価値原理が主役です。言い換えれば、前者は協働（助け合い）の原理で、後者は競争（勝敗）の原理で動いているわけです。コロナ禍は、既存の市場システムを強制的に無効にすることによって、市場原理の背後にある使用価値原理に基づく多様な助け合いの形を顕在化させましたが、このことは現代の人間社会がこの二つの原理で動いていることを図らずも明らかにしています。

さらに注目すべきは、現代はスミスの時代とは異なり、サービス労働や会議での議論など、人相手の労働が大きな部分を占めていることです。絶え間のない対人的なやりとりを介して仕事が進みますが、ここに固有のストレスが生まれます。「万引き家族」の是枝監督がある講演で強調していましたが、良い映画を作ることと、組織が求める（売れる）映画を作ることとは必ずしも両立しません。現代社会では、この葛藤は、現場での意見・立場の確執の連続として現れます。これに従っておけば大丈夫というような、人間関係上の安定したルールはありません。

要するに、協働を通じて人のために役立ちたいという欲求と、競争に勝ち抜かねばならないという現実との狭間で、人間関係の不安定化が進みます。人間関係の広がりと深化の中での信頼への希求が、却って不信への恐れを増幅するというパラドックスです。これこそが、現代の社会システムに起因する、構造的なストレスを生み出す孤独感染症の根本原因です。

このように見てくると、観光とひきこもりに象徴される孤独問題との原理的な関係が明らかになります。

ひきこもりは、社会人のレベルで見ると、賃労働として存在している社会的な労働環境への不適合を意味します。つまりそうした意味において、仕事を起点とする日常生活への不適合として現れています。ストレスに満ちた労働環境に適応できる力は、一般的には人間関係力に依存することになりますが、一方では、余暇活動との関わり、とくに非日常世界との関わりが、生活においてどの程度の意味を持ってきたかが、孤独問題への耐性の強弱に大きく影響する可能性があります。ひきこもりは、それがそのまま英単語となるほど日本において顕著な現象ですが、その背景には、自由な鑑賞・創造・交流活動を享受する力が、とりわけこの国において脆弱である可能性を示唆しています。したがって、この事情は、そのまま余暇・観光に関する教育研究の特別に重要な役割をも示唆しているわけです。

4　新型コロナウイルス感染症と観光

二〇二〇年は、新型コロナウイルスによる感染症が世界中に蔓延する、まれに見る一年となりました。二〇二一年に入ってもその勢いは収まるどころか、第二波、第三波がさらに拡大された規模で続き、ウイルス自体の変異種の登場は被害を加速させています。

前節で触れた孤独問題は、すでにコロナ禍が生じる以前に世界的な問題になっています。コロナ禍によって、孤独問題が新たな展開を示していることは確かとしても、孤独問題が先行しコロナ禍がこれに加わるという時系列な関係を押さえておくことが必要です。コロナ禍によって孤独問題が生じたというような見当外れの見方もあるようなので、あえて指摘しておきたいと思います。孤独問題については、心理学や脳科学の研究者たちを中心に、それぞれの立場から孤独問題に対する取り組みが行われてきましたが、前節では、社会科学の視点から問題にアプローチしました。その上でのコロナ禍です。

ともあれ、今回のコロナ禍は、移動そのものに強い制約を余儀なくさせたことで、移動を要件とする観光は、極めて大きな打撃を受けています。「観光立国」政策の下、インバウンドの急激な拡大に支えられて破竹の勢いを示してきた観光経済も一気に収縮し、閑古鳥の鳴く観光地や観光関連産業は、おしなべて青息吐息の状況に陥ってきました。インバウンド依存がそのリバウンドで振り回されるというモノカルチャー的なリスクの顕在化です。

慌てた日本政府は、二〇二〇年の秋から膨大な予算を投じて「Go to トラベル」キャンペーンを行いましたが、十分な感染の終息を見ない中での非日常空間への移動の促進は、ウイルスをも拡散させ、年末には再び「緊急事態宣言」を余儀なくしました。「Go to, Go to, どこへ行く？」という川柳の一節が歌になっていますが、まさに社会はどこに向かって進んでいるのでしょうか。先が見えないことへの不安とストレスが社会に充満しています。

今回のコロナ禍は、対面型のコミュニケーションの自粛を余儀なくさせたという点でも、まさに対人サービス業を中核とする観光産業を直撃しました。さらに言えば、もっと広く、やはり対人サービス業が顕著に発展し、対面型コミュニケーションによる協業が大きな比重を占める現代の精神的労働のあり方に根本的な制約を課するものとなっています。こうした事態は、対面型のコミュニケーションというものが、生活の中でいかに重要なものであったかを明らかにするとともに、これを別のやり方で代替しようとする動きを生み出しています。テレワーク（大学ではオンライン授業）や仮想空間（VR）、観光に関わってはヴァーチャル・ツーリズム等の推進がそれです。

本書の内容との関係で言うと、こうした空間を一挙に超える動きは、果たして空間共有（co-presence）に代替できるのか、できるとすればどこまでできるのかという問題として提起することができます。

コミュニケーションの内容をなす人間の受容と伝達の行為は、論理と感性という異質な二つの側面から構成されています。このうち、論理の側面は相対的にオンラインになじみやすいところがあります。例えば「二＋三はいくつ？」「五です」という答えが明確な会話の類いがそれです。一方で、コミュニケーションの多くは、こうした論理のやりとりだけでなく、感性のやりとりを含んでいますが、こちらはそう簡単にはいきません。再びロランに登場してもらいましょう。

「人が他人に感化を与えるのは言葉によってではない。その人間の存在によってである。まなざしにより、身ぶりにより、晴れやかで清澄な魂の無言の接触によって、身のまわりに、あるかがやかしい雰囲気を放射してそれが他の人々の心に平和な落ちつきを与えるような、そんな人々が存在する。」（『ジャン・クリストフ』河出書房版）

こうしたコミュニケーションをオンラインで感じとることは、ほとんど不可能でしょう。つまり、コミュニケーションは、空間を共有する中では五感を駆使して行われています。これは、スポーツ、コンサート、演劇の上演等における、いわゆる無観客試合・無観客公演等と、演者と観客が同じ空間を共有する「ライブ」との違いでもあります。

あるいは、仕事や授業の目的とは別に、人間集団のコミュニケーションは、これに付随する多様なコミュニケーションから構成されています。例えば、学生生活は、オンライン授業を例にとると、授業内での種々の交流にとどまらず、授業外でのクラブ活動や友人たち等とのコミュニケーションの全体がキャンパスライフを形作っています。共有された空間の中で、偶発的な形も含めて多様なコミュニケーションによって学生生活が成り立っているわけです。

今回のコロナ禍は、はからずも人間同士の共在に基づく交流・触れ合いを強制的に抑制したわけですが、そのことが社会的に多大なストレスや不安・悲しみを呼び起こし、現実の交流・触れ合いの重要性を改めて明らかにしました。失って初めて陥る交流ロスの顕在化です。一方で、前述のように、テレワークやオンライン授業の推進、仮想空間における仮想現実（ＶＲ）技術の発展があり、観光に関わってはヴァーチャル・ツーリズムが注目されています。この異質な二つの流れの関係をどう理解すれば良いでしょうか。

この点と関わって、興味深いエピソードがあります。タークルは、前掲書においてあるエピソードを批判的に紹介しています。高齢者施設へのアザラシ型ロボットの導入に関するものです。うまく反応するようにプログラムされたロボットは、高齢者への癒し効果があるので、この導入を促進しようとする動きがありました。この場合には、ロボットが介護労働に置き代わるわけですが、介護労働が不足しているのであれば両者は補完関係にあり、介護労働を駆逐するのであれば競合関係にあることになります。問題は、しばしばコスト削減（交換価値原理）の観点から、後者のような配慮の中で人間労働をロボットに代替する傾向が生じることです。しかしこれは、人間同士のふれあいを提供することこそが、高齢者の精神的な健康維持に本来的に貢献するものであるとすると、本末転倒の話になります。コロナ禍は、こうした矛盾した社会的関係の存在を、ドラスチックに顕在化させていると考えることができます。

一般論として言えば、自らの欲求に基づいて自由に行う活動は、代替の必要性そのものがありません。これに対して、前節で述べた交換価値原理が支配的な社会では、コストをめぐる競争・競合関係による活動の置き換えが常態となります。自家菜園や観光農園で行う自由な農業体験と、ビジネスとして行う競争的農業との違いです。

観光においては、既述のように自身の欲求に基づいて非日常空間に入り込むこと自体が、自己意識へのリアルで多様なインパクトを生み出しています。とすれば、いかに人間同士の自由で直接的な鑑賞・創造・交流を実現するかがゴールです。それに向かうプロセスの中で、必要に応じて各種コミュニケーション・テクノロジーを補完的に活用していくという観点こそが基本となるでしょう。コロナ禍のトンネルの向こうに、人間的幸福に資するリアルなゴールを準備していかねばなりません。

四　現代観光教育の課題

1 いま大学教育に求められているもの

(一) 大学教育の課題

既述のように、社会科学自体が大きな課題を抱えていました。大学教育は、これを克服するという観点から改革を進めていく必要があります。

第一の課題は、これまでの教育研究の歴史的蓄積を継承・発展させつつ、新たなそして変化の速い時代状況に対応可能な柔軟性を持った教育研究組織を、どのようなものとして再構築するかということです。

第二は、科学的認識における蛸壺化をいかに打破するかという課題です。これは専門分野の閉鎖性を打破すること、つまり専門性を持ちながら汎用性を持たせるという、一見したところ両立困難に見える課題です。複数の異なる専門分野に精通することも小さくない効果を発揮するでしょうが、認識の水準が高度化するほど実現の可能性も小さくなりがちです。

一般的に言えば、この種の矛盾の緩和・解決にとって重要なことは、特殊な専門分野を社会科学全体の体系の中に位置づけること、木をそれ自体としてだけではなく森の中の木として認識することです。そして、本来的に学際性を持たざるを得ない観光学は、既述のように、この点で一つの社会的モデルとなる可能性があります。

本書の立場では、精神的サービス労働において有能な人材とは、豊かな感性とともに、木を森の中の木として、表層（現象）を深層（本質）との関連において、多様性を普遍性との関連において認識し実践することのできる人間ということになります。そのような方向に若者の成長を支援するためには、教員自身もそうした資質の発揮が求められます。その意味で大学における教育研究改革は、学生など対象となる他者への働きかけを通じて、教員自らの教育研究能力と人間性を変革していくプロセスとして仕組まれていくことが必要と言えます。

（二）社会科学は時代遅れか？

目を社会に転じると、経済界等から大学教育への苦言・提言が相次いでいます。例えば、二〇一五年一月一〇日付けの日本経済新聞紙上でファースト・リテイリング（ユニクロ）会長兼社長の柳井正氏は、「大学を変えねば日本は沈む」と題する記事の中で、次のように述べています。

「大学教員は毎年、同じ内容の講義をしている。経済や経営などの社会科学は社会の動きとともに変化しているはずなのにアップデートしていない。どんどん社会から乖離していっている。」

こうした教育を受けてくる結果、そこから社会に送り出される卒業生は「世の中で生きていくのに必要な基礎的な教養や知っておくべきことを知っていないし、知識の絶対量も少ない。そのために適切な判断ができない」として、そこから次のような課題・期待が導き出されます。

「もっと知識を詰め込まないと、自分が進んでいる道が世の中の方向性に合っているのか分からない。自分の判断が正しいかどうかを常に意識して行動することを習慣付けるべきだ。実業界は自分で考えて、自分で結論を出して実行できる人材を求めている。」

柳井氏の指摘がどの程度的を射たものであるかは別として、現在の大学教育のあり方は確かに大きな岐路に立たされています。実際この間、国の側も大学教育が養成すべき資質に関わる新しいコンセプトを提起してきており、こうした事態を反映した動きを確認することができます。経済産業省の「社会人基礎力」、中央教育審議会答申がいう「学士力」、厚生労働省の「就職基礎能力」等々がこれです。一方、大学教育の責任官庁である文部科学省は、「職業的（進路）発達にかかわる諸能力」として、「人間関係形成能力」「情報活用能力」「将来設計能力」「意志決定能力」の養成を提起しています。こうして立場によってニュアンスは異なるものの、社会が求めている能力と大学教育のあり方との間の深刻なミスマッチの存在が、経済界や政策サイドにおいて広く意識されていることは明らかです。

（三）求められるジェネリック・スキル

実は、高等教育の改編という課題は、単に日本固有の問題としてあるだけでなく、世界的な課題でもあります。そこでは養成されるべき資質として、もっとも頻繁に登場する用語の一つが「ジェネリック・スキル」です。ジェネリック・スキルとは、柳井氏の言う「自分で考えて自分で結論を出して実行できる」力に関連するスキルであり、状況の変化に応じて、そこでの課題を自ら発見し、分析・解決していく能力を意味するものとして議論されています。

それでは、現代社会はなぜ近年、とくにこのような能力を求めるようになったのでしょうか。

一般に指摘されていることは、グローバル化、ＩＴ化社会の中で個人を取り巻く社会的変化が非常に速くなり、それだけ柔軟で汎用的な対応能力へのニーズが高まってきたというような状況の広がりです。それ自体は誤りではありませんが、問題はさらに構造的に捉えられる必要があります。既に説明してきたところですが、改めて述べれば、主として次のような諸事情の発展と関連しています。

①市場における生存競争の激化

先進諸国における「右肩上がり」の成長（青天井型の競争社会）が終わりを告げ、サバイバル競争を内容とする「ゼロサム社会」が到来しています。市場の不安定化が雇用の流動化（余儀なくされた流動化と主体的な流動化の両面）を促進しています。

②グローバリゼーション

いわゆるケインズ政策に牽引された戦後の高度経済成長は、基本的に国民国家・国民経済を社会経済の基本単位としつつ、グローバル（ＩＭＦ）体制はこれを補完する構造として存在しました。金融の肥大化に促され、この時期以降顕著となったグローバリゼーションの進展は、様々な領域でこの枠組みを突破し、社会的関係はいまや世界経済のあり方に独立変数としての役割を担わせるに至るような関係として現れつつあります。

③サービス経済化

第二次産業から第三次産業への構造的なシフトは、やや紋切り型に言えば、機械と向かい合う「物づくり」から直接人と向き合うサービス労働へと、労働のあり方を大きく転換させてきました。言い換えれば、かつての市場社会は人と人との関係が物と物との（交換）関係として現れ、その限りで相手の姿は見えませんでしたが、今日では人と人が直接向かい合った市場関係が極めて普遍的な現象となっています。

④市場外ネットワークの発展

かつて市場外社会を象徴した家族や伝統的共同体の解体が促進される一方で、ボランティア、NGO、NPO、さらには情報通信を介したネットワークなどの多様な形態の新たな社会的ネットワークが生成・発展しつつあります。こうした事情は、単なる対話から目的意識的な協働活動に至る多様なコミュニケーション機会を増大させてきました。

(四) 大学教育とのギャップ

こうして時代は、このような状況に対応できる資質を持った人材を広く求めるようになりました。ここで問題となるのが、大学教育とこれを背後から支える科学研究のあり方です。柳井氏は、社会科学が「アップデートしていない」と言いますが、管見の限りでは必ずしもそうとは言えません。教員の多くは、実際には様々な専門分野の立場から最新の社会事情にコミットしています。現象的にはむしろ逆の面すらあります。私の専門である経済学について言えば、目前の現象を追い回し（追い回され）、過去（歴史）に関心を示さない研究者が少なくないように見えます。

第一章で述べたように、社会科学の歴史を振り返ると、まだそれ自体が社会科学としての包括性を保った形で発展したのは一九世紀までであって、一九世紀も後半、とくに二〇世紀に入ると種々の専門分野が分化・発展してきました。その時期はまた、先進諸国を中心に大学の設置が本格化した時期でもあります。そこでの教育課程は、当然のことながら細分化される専門諸分野の体系と構成を反映したものとなりました。

問題は、こうした構造が、今日の社会状況との齟齬を生み出していることであり、この意味でアップデートされていないという柳井氏の指摘が妥当するかもしれません。しかし、重ねて述べれば、それは、次のような意味内容においてです。

細分化はそれが固定化されると、蛸壺化という問題状況を生み出します。諸専門分野は、それぞれのコミュニティー（学会）を形成してきましたが、そこはしばしば独自の専門用語が流通する閉鎖的な世界となり、他の分野とのコミュニケーションを欠いた一種の小宇宙なる傾向を帯びます。

社会が物づくり主導の右肩上がりの発展を遂げている時代には、対象そのものの構造が安定的であるため、様々な社会分野における安定的な枠の中での対応で事足りました。社会評論家の故加藤周一氏が日本社会について述べた「いまここ主義」（「いま」と「ここ」の課題だけを考える）の蔓延という特徴付けは、その意味で言い得て妙です。

社会経済が総じて右肩上がりの時代には、上述の蛸壺化による齟齬は、まだ重大な問題としては顕在化していませんでした。ところが、先進諸国では右肩上がりの成長が終わりを告げ、既述のような諸特徴を持つ社会への構造転換が現実のものとなったわけです。こうして、社会の現実は既存研究分野の固定的な枠を超え、ゆえにまた既存の教育課程の枠を超える事態が頻繁かつ広範に生まれてきました。これがすなわち「アップデート」を迫る社会的背景です。

とはいえ、注意を要することは、既存の社会科学はそれぞれの分野なりに最新の諸課題と取り組み、自分野の限界を認識する中で、対象の広がりに即した学際的な教育研究活動を多様に展開していることです。しかし、ここでは主として以下のような問題点を指摘しなければなりません。

第一に、学際的教育・研究連携の必要性は、今日では学部内にとどまらず学部を超えたものとして、またこれまでよりも変化の速いものとして現れますが、既存の教育研究組織の固定性が柔軟な教育研究の対応を阻害する面が強まってきます。

第二に、実現される学際性も、往々にして実践的・実用的なレベルにとどまることです。実践的であること自体は極めて重要なことですが、しばしば状況認識が表層的なレベルにとどまります。様々な現実問題の実践に際しては、蛸壺化の壁は後景に退き、日常の共通言語の世界でのコミュニケーションが成立しやすくなります。しかし、このことは、機動性の面では大きな意味を持つとは言え、事柄の深層的な教育研究レベルでの学際性の実現を必ずしも意味しません。すなわち、蛸壺化が象徴する独自言語の世界は、もっぱらその世界の「理論」体系の壁として現れてきます。現象についてのアップデートな認識は、その深層的な認識、言い換えればもっと本質的な認識と往々にして一致しなくなります。「自分で考えて自分で結論を出して実行」することが大切であることは間違いありませんが、もしそれが単なる経験主義のレベルであれば、しばしばその「実行」は破綻をくり返すことになるでしょう。例えば、バブル経済の時期には、現実を熟知し、実践に長けているはずの実業界の人々もまた、少なからず熱病に侵されていたことはまだ記憶に新しい事実です。

このような考え方を観光学に応用した場合、どのような教育目標が考慮されるべきか、以下、主要なポイントについて検討していくことにしましょう。

2　観光主体の形成——楽しむ力を育てる

観光教育の課題には、端的に言えば観光をする人と観光を支援する人を育てるという二つの側面があります。そこでまず、観光をする人（観光者）を育てる教育を考えましょう。

既述のように、観光とは非日常空間への移動を伴う自由な鑑賞・創造・交流活動であるという前提で話を進めていきます。この定義から言えば、観光者とはまずは鑑賞・創造・交流活動をする人です。とすると、この面での観光教育の課題は、鑑賞・創造・交流活動ができる力、享受できる力を育てるということになります。しかも、自由にそうした活動するということですから、その活動は大枠において楽しいものであることが必要です。言い換えると、鑑賞・創造・交流活動を楽しむ力を育てるということです。そして、ここにさらに非日常空間での体験という要素が加わることになります。鑑賞・創造・交流活動を楽しむ力は観光振興の前提であって、わざわざ教育の課題にならないと思われるかもしれませんが、そうとは言えません。

まず、鑑賞を考えてみましょう。例えば、音楽鑑賞です。ある演奏を聴くことができるかどうかは、さしあたり身体的機能としての聴力の問題です。しかし、ここで問題にするのは、そうではなくてその演奏を享受する力です。この力は、その人のこれまでの音楽的経験の量や質に依存します。あるいは、味の鑑賞、つまり食事はどうでしょうか。食べないと死んでしまうので、消化器官が普通に機能している限り誰でも何かを食べることはできます。しかし、味覚もまた食体験の量・質に依存します。

舌・眼・耳等が「肥えている」という言い方がありますが、ここでの問題は、要するにどのように「肥えているか」によって、鑑賞を享受する力は大きく変化します。もちろん、個性の差もまた大きいので、誰もが同じような感じ方をするわけではありません。しかし、そうした差異を貫いて「肥えた」認識能力を持つことは、享受能力として大変重要な意味を持っています。

第二に、この鑑賞と表裏一体の関係にあるのが創造です。前の例で言えば、楽曲を自身で演奏するという行為、野菜を生産したり、それを加工したりすることによって料理を創るという行為、これらの行為は自由に、つまり自発的に行われる以上は本来的に非常に楽しい行為です。一般的には、鑑賞の能力と喜びは、創造と結びつくことによって、より高まります。この逆も言えます。鑑賞の高度化もまた、新たな創造欲求を呼び起こすからです。

第三に、この鑑賞と創造の行為において、対象が人間となるのが交流です。何らかの程度に目的意識的なコミュニケーションと言ってもいいでしょう。コミュニケーションについては、二つのレベルを分けて考えることができます。一つは、伝達と受容の相互作用から構成される、もっぱら意思疎通としてのコミュニケーションです。道を尋ねるといったようなちょっとした会話というイメージですが、相手の発言を受け取ること（受容）とこちらの考えを発信する（伝達）という点では、鑑賞と創造の萌芽的な交互作用という側面を持っています。

これに対して、明確な目的意識が入ってくるコミュニケーションは、目的が明確であるほど合目的的な関係運動、すなわち労働という実体を持つようになります。演奏家は聴衆との間で、私たちのような教育労働者は学生との間で、コミュニケーションを行います。文字通り鑑賞と創造の同時的な実現です。交流活動は多様な形態で存在するでしょうが、目的意識を持って交わる限りでは、この種の主体的な実践活動と言うことができます。コミュニケーション力が高いほど、高度な交流活動が可能となります。この場合も、こうした能力は経験と訓練によって高められるものであり、したがって教育上の課題となります。余暇論研究者の瀬沼克彰氏は、次のように述べています。

「個人の余暇を活用することのできる余暇能力が向上しないことには、余暇がどれだけたくさんあっても、それを活用することはできない。」（『西洋余暇思想史』世界思想社、二〇〇八年）

第四に、以上の内容に、非日常空間への移動という要素が加わることによって、問題は余暇活動一般から観光というフェイズに展開します。既述のように、ここで非日常空間への移動とは、普段生活している世界から、非日常の自然的・社会的空間に入り込むことです。ここで鑑賞の対象となる空間は、ほとんど純粋な自然的空間の場合もあります。例えば、アルプスの山並みであったり、オーロラであったりするでしょう。

建築物や街並みも鑑賞の対象となりますが、この場合は自然そのものではなく人工的な空間です。それらが何らかの独自な歴史的あるいは文化的な意味・価値を体現しているというのが、鑑賞の対象となる一般的な要件です。

創造はどうでしょうか。例えば、音楽活動、とくに合唱では時々海外演奏会ツアーが企画されます。歌いに行くわけですから、単なる鑑賞ではありません。あるいは、昔から炭焼き（備長炭）で有名な和歌山県の南部では、数日間かけて、伝統的な炭焼きを体験するツアーが人気です。ともあれ、こうした観光への興味・関心は、その対象に対する知識が豊富であるか否かに大きく左右されます。そして、知識とともに、美しいもの等に感動する力、豊かな感性が欲求の質と大きさを決めます。

さらに、この種の欲求は、自然や建物にとどまらず、異なる社会空間における生活や文化にも向けられます。当然ですが、生活や文化活動の担い手である人たちとコミュニケーションしたいという欲求がこれに伴います。言われるところの異文化交流です。自分たちの文化を発信しつつ、非日常社会の文化を受容するという相互作用こそは、言わば世界市民としての地域住民を育成する上で、決定的な意義を持っています。

以上のように、楽しむ力を備えた観光主体の形成は、観光（学）教育の核心をなす課題であり、現代社会における知性と感性を備えた市民の育成に対して極めて重要な意義をなす課題であると言えます。

では、どうすればこうした力を養成することができるのでしょうか？　論理的には、多くの対象を鑑賞し、創造すること、そのことを通じてコミュニケーションを体験し、異なる世界の人たちを知り、交流することです。これらに資するような科目群が提供されなければなりません。

少し例を挙げてみましょう。例えば、演劇について学ぶこと、さらに実際に演じてみることは、大きな効果を生む可能性があるように思います。人間や社会について深く観察するとともに、それを劇という形で表現する体験は、非日常世界を楽しむ力を育むことになるでしょう。また、アニメを鑑賞し、実際に作品（精神的財貨）を作ってみることです。もちろん、限られた期間でできることには限度がありますが、こうした経験を経ずして楽しむ力を育むことはできません。そしてもちろん、一方ではそのことの意味を認識するために、社会科学的なものの見方と考え方を身につけていくことが必要となります。こうした科学的な知的集積と感性的な実践を積み重ねる中でこそ、ジェネリック・スキルやコミュニケーション力を培うことが可能となります。必要となるのは、そのようなことを可能とするカリキュラムの構築とそれに基づいた教育実践です。

3　観光空間の創造――楽しめる対象を創造する力を育てる

非日常空間への移動を伴う自由な鑑賞・創造・交流活動を行う場合、その対象や手段が必要となります。移動先である空間が魅力ある観光地であること、あるいは観光地としての魅力を高めることが必要です。

対象が自然空間である場合は、創造というよりも保全という概念がしっくりきます。しかし、人工的な空間である場合は、保全とともに創造という側面がさらに強くなります。例えば、テーマパークがその典型ですが、何らかのテーマ性を持った演出空間の創造・開発のわかりやすい一例です。

ほとんどの人にとって、衣服は寒さを凌ぐといった物理的な機能にとどまらず自分自身の表現という側面を持っています。少し柔らかい言い方をすれば、ファッション性を持ちます。ある観光空間もそれと同じことで、その地域の生活や歴史・文化といった社会的性格が空間のあり方・景観に投影されます。西欧の建築で言えば、ゴシック、ロマネスク、ロココといったある時代、ある地域を特徴付ける様式があります。これはその時代にはやった空間の個性であるわけです。

念のために言えば、ここでのポイントは、空間や建築物という物体には、そこでの歴史・文化など、生活や固有の社会的活動が対象化されていることです。広島の原爆ドームやアウシュビッツの収容所は、美の逆の人間の醜の歴史が対象化されていますが、これを醜と感じ取れる感性もまた逆説的ですが美意識の発露と言えます。ちなみに、ダーク・ツーリズムにおいては、こうした意味での空間の個性が観光の対象となります。

日本では、一九九〇年代頃から観光まちづくりが各地で台頭し始めますが、その中心的な内容に景観まちづくりの発展があります。空間創造の一例として、これを社会科学の視点から考えてみることにしましょう。

テーマパークなどと異なる観光まちづくりの基本的な特徴の一つは、観光空間が同時に生活空間であることです。観光立国行動計画の文言で言えば、「住んでよし、訪れてよし」のまちづくりです。その多くの場合は、多かれ少なかれ歴史的・文化的な建物や街並みが空間的魅力となっています。そこに住宅や商店としての建物も含まれている場合、建て替えや増改築の際などに、放っておくと一体感のないバラバラな街並みになりかねません。そうなると、観光まちづくりとしては、取り返しのつかないダメージを生むかもしれません。そこで、少なくない地域では、色彩や高さ等、建物のあり方（とくに外観）に一定の規制をかけています。とくに、二〇〇四年の景観法の制定によって、こうした景観形成に関する法的な整備が進みました。これを背景とした地域住民の合意形成は、観光まちづくりを進める上での重要な実践的課題です。

社会科学的な観点からこの問題を考える場合、もっとも基本的な課題の一つは、この種の規制が程度の差はあれ私（的所有）権の制限を伴うことです。個々の建物の多くは、普通は私的な所有者のものです。私的所有権が絶対であれば、建築行為の内容は所有者の自由です。これに制約を加えるとすれば、当該建築物を含む街並みの全体が公共性を持っていることを根拠とする必要が出てきます。この点、観光まちづくりに造詣の深い都市計画学者の西村幸夫氏は、次のように指摘しています。

「都市の『美』を求めて各種の規制が合意形成をはかるとして、その遵守を一般市民に求めることは、少なくとも近代民主主義国家においては、『美』の達成に公共性があることを意味している。それはどのようにして論証できるのか。」（『都市美』学芸出版社、二〇〇五年）

この内容にこれ以上深入りはしませんが、問題の性格は次のような学習課題の存在を示唆しています。まず何よりも、現場の調査を含めて、観光まちづくり・景観まちづくりの実際を学ぶことです。どのような景観が魅力的なのか、その歴史的・文化的背景は何か、景観規制はどのような内容を持っているか、合意形成はどのようにして実現されているか、また不十分な点があるとすればそれは何か、といった事柄の調査と学習です。

さらに、そこで解明した事実を分析する際には、景観法を初めとしてまちづくりや建築に関わる諸政策・諸法規、そのまちの歴史・文化・経済などに関する知識が必要です。加えて、右の論点から言えば、美意識や公共性とは何かといった問題についてもそれなりの理解がないと、満足のいく解答を出すことはできそうにもありません。これらの諸点において当該社会空間固有の特質を明らかにすることが、すなわちそこでの非日常性の意味を考える前提となります。

4　観光事業体と観光労働の役割――楽しみに誘《いざな》う

これまで、観光を楽しもうとする主体と、主体にとっての魅力的な非日常空間の創造という観点で観光学の教育課題を見てきました。次に必要となるのは、観光主体を非日常空間に誘い、結びつけ、そこでの活動を可能とする担い手の育成です。

これは、産業分野としては、空間的な移動を担う鉄道やバス会社等の運輸業、宿泊業や飲食業、情報の提供や旅行のアレンジを担う旅行取扱業などの各種サービス業、名産品や記念品を販売する小売業といったことになります。業態としては民間事業体、自治体や観光協会等の第三セクター・観光地域づくり法人（「ＤＭＯ」）等があります。

これらの分野は、大学進学の際に観光系の学部・学科を志望する受験生の少なくない人たちが、将来の希望として描いている就職先です。実際の就職先は、学生生活を送っていくうちにもっと多様になっていくのですが、少なくとも当初の段階ではそうです。自身の観光体験において、暖かいもてなしを受けたことを大学進学の動機に挙げる受験生も少なくないと思います。

人のために役立つことは人間本来の喜びであり、それも他者の楽しさの実現に貢献できるのですから、その点では観光関連の労働は間違いなくやりがいのある仕事であると言えます。しかし、現実には既述のように、しばしば苦しい感情労働に堪えなければならず、しかも賃金を初めとする労働条件が必ずしも恵まれたものではないとすれば、観光労働のイメージに関するビフォー・アフターにはかなりのギャップも存在しがちです。大学教育としては、こうした事態をどう認識し、どのような教育を実践していくべきでしょうか。

まず、ジェネリック・スキルやコミュニケーション力を高度化することは、どのような事業体に就職するかにかかわらず、サービス経済化した現代社会においては、無条件に重要な教育課題です。これによってこそ、変化し流動化する諸課題に、より効果的かつ柔軟に対応していくことが可能となります。

ただし、現代の問題の一つは、観光関連産業に就職することが、必ずしも高賃金など、労働条件の良さにつながらないことです。これは実は、基本的にはサービス業全体にも妥当する問題です。

ドラッカーは、知識労働者が牽引する「知識社会」に「ポスト資本主義社会」の到来を見ました。ここで知識労働者というのは、概して本書で言うところの精神的労働者を指します。ところが、ドラッカーの立論は、想定外の事態に直面します。それは、サービス労働者の著しい増大です。サービス労働者の少なくない部分は、それほど特殊な技能や知識を必要としない単純な接客業であり、その限りで本来的な精神的労働者とは言えません。精神的労働者とサービス労働者の二極分化傾向が深刻な課題となる現状を理論的に説明することは困難となり、ドラッカーの「ポスト資本主義社会」論はトーンダウンを余儀なくされます。

しばしば、観光労働者の専門職化によって、その水準を高める（労働力に付加価値をつける）ことが鍵であるとの主張を目にします。ということは、大学や専門学校等でいかに観光に関する質の高い教育を行うかが、観光労働者の社会的評価・待遇改善の鍵を握るということになります。しかし、本当にそうでしょうか。

一般に、需要は供給を規定し、供給はまた需要に反作用します。ということは、まずサービス供給の内容は、サービスの消費者の欲求と支払能力に規定されることになります。その限りでは、供給の質は、需要の質に依存します。この観点からは、供給されるサービス労働の質を規定するのは、サービス消費とその背後にある消費者欲求の質と言うことができます。したがって、いかに質の高い消費者を養成できるか、このことこそが「専門職」的な観光労働者に対する需要が増大する前提となります。逆に言えば、単純作業的なサービス需要が一般的である限り、高度な専門的技能を持っていたとしても、それ相応の社会的評価を受け取ることは困難となります。観光産業に限らず、この点に関する現時点でのサービス業全般の労働市場の状況と到達点を冷静かつ科学的に認識し、その発展に向けた展望の中に自身の将来像を見いだすことができる、夢のある教育と学びの構築が必要となるでしょう。

労働市場一般について言えることですが、普通はピラミッド型の格差構造を持っています。サービス経済化は、このピラミッドの裾野を大きく広げました。一方で、頂上もまたそれなりに高くなっていると考えられます。しかし、少なくともとくにワーカホリックや過労死が社会問題化する日本の場合には、それだけ余暇活動の発達と高度化は阻害されてきました。その分、ピラミッドの高さが低くなります。その意味で、余暇・観光主体の楽しみ方の水準について、頂上を引き上げながらどれだけボトムアップを実現するか、これこそが重要な社会的課題の一つであり、ゆえにまた既述のように、楽しみを享受する力の養成こそが観光教育のコアをなす課題となるわけです。

おわりに

今、世界は、交換価値原理が使用価値原理に優先する社会システムを、後者が前者に優越するシステムに転換することが必要な段階に到達しているように見えます。交換価値原理の優越は、例えば次のような状況を引き起こすからです。

新型コロナウイルス感染症に向けて開発されたワクチンの争奪戦が起きています。ワクチンが優先的に配布されるのは、先進諸国をはじめとする購買力の高い国々か、大国の政治経済的な覇権の思惑に合致する国々です。その限りで、人の生死は交換価値原理によって序列化されます。

化石燃料に依拠した経済開発のグローバルな競争的展開は、二酸化炭素の排出量を圧倒的に増加させ、未曾有の温暖化を招いています。これに伴って、自然の生態系は大きく攪乱され、水害や干ばつが世界各地で多発する中で、人口の増大と相まってかつてないスケールでの食糧危機が迫っています。

利権と権力欲にまみれた国家間あるいは国家内部での紛争・摩擦が世界各地で頻発し、暴力が蔓延し平和と民主主義が強く脅かされています。

右のような諸状況は、一般的な言い方をすると、使用価値の公平な分配とその生産における環境へのフレンドリーなコントロールが、人類の生死に関わる緊急の課題として提起されているということです。また、実際にも世界各地で様々な対抗的活動が発展しつつあります。

コロナ禍や温暖化問題等における対抗軸は、しばしば自然科学と経済の対抗として現れますが、社会科学として見ると実はこれは問題の本質ではありません。自然科学の対象は使用価値を育む自然であり、経済の目的は今のところ何をおいても利益（交換価値）の確保と実現に置かれています。そうではなくて、真の対抗軸は、交換価値原理が優先する弱肉強食の経済（競争的経済）か使用価値原理が優先する連帯と助け合いの経済（協働的経済）かという二者択一にこそあります。

観光の主人公である市民は、二四時間この両方の原理の下で生活をしています。しかも、労働時間と非労働時間において、異質な活動原理を経験します。観光を含む余暇活動においては、その目的は主として使用価値的実現であり、交換価値はその手段として現れます。これに対して、賃労働者としては、しばしば両原理が逆転する関係の中で生活を余儀なくされています。前者における使用価値を自由に実現することの楽しさの享受と体験の積み重ねは、後者における両原理の逆転への欲求・衝動を強めずにはおかないと考えられます。世界の様々な危機的状況はそうした世界市民的対抗を要請すると同時に、余暇活動・観光もまた、意識するかどうかは問わず、それに向けた主体的な力を養う活動とならざるを得ません。まさに、グローバルなスケールで自由な交流を実現する観光は、「平和へのパスポート」となる所以です。

社会には様々な矛盾や軋轢が存在しますが、これを乗り越えていく力は、事態に対する科学的認識とそれに裏付けられた実践の中でこそ培われていきます。観光を科学的に学ぶことが、なぜ生きる力につながっていくのか、本書を一つの素材として考えてもらえれば幸いです。

あとがき

本書は、第四章の1のみ、『二一世紀WAKAYAMA vol.72』（和歌山社会経済研究所、二〇一三年）に掲載された拙稿を修正の上転載したものですが、それ以外はすべて書き下ろしです。

前任校の和歌山大学において、国立大学としての初の観光学部の設置に向けて、経済学部から異動したのが私と観光学との馴れそめです。その後、大学院観光学研究科（前・後期）の設置に際して、文部科学省との交渉を担当した経験と、その過程で上梓した『私的空間と公共性』（日本経済評論社、二〇一〇年）、さらにその後発表した『知識労働と余暇活動』（同上、二〇一八年）が本書の土台になっています。現在の勤務先である大阪観光大学では、いま教育課程の抜本的な再編成を進めていますが、本書は直接的にはその作業の副産物として誕生したものです。

本書には、岩本和子さんの素敵なスケッチ画がちりばめられています。これらは、本書の立場から見ると、その主要なモチーフでもある自由な鑑賞・創造・交流活動の一例であり、これをイメージとして象徴するものです。また本書は、大阪観光大学観光学研究所における本シリーズ企画担当の王静准教授と佐藤智子管理課長の叱咤激励、そして晃洋書房編集部の山本博子さんとのチームワークの産物です。末尾ながら、感謝申し上げます。

大阪観光大学ブックレットシリーズの発刊にあたって

二一世紀は、期待と現実の両面で観光の時代として特徴付けることができます。大阪観光大学という、日本で初めて大学名に観光を冠した大学が二〇〇六年に産声をあげたのも、こうした時代の到来を象徴する出来事と言えるでしょう。その直後二〇〇七年の観光立国推進基本法施行、翌年の観光庁設置という政策フレームの中で観光立国政策が推進され、その後インバウンドが急激に増大し、日本の隅々で外国人観光客の姿が日常の光景となりました。

こうした状況を一変させたのが、二〇二〇年に入ってからのコロナ禍の到来です。外国人観光客はもとより、国内観光も壊滅的な打撃を受けるという未曾有の事態の到来です。観光にとどまらず外出そのものの「自粛」は、これまでの生活のあり方に対して根底から見直しを迫るものとなりました。今回のコロナ禍は長期にわたるとしても、やがては終息が見込まれます。それに伴って、観光もまた復権していくでしょう。しかし、そのことは単にそれまでの観光ひいては日常生活への回帰とはならない可能性があります。

本シリーズは、伊藤鉄也学長の掛け声の下、まさにそのような事態を前にして、「観光を見る眼」をキーワードとするブックレットシリーズとして企画されました。多様な専門領域や経歴を持つ本学教員が、それぞれの立場から観光を見つめます。

二〇二一年四月

大阪観光大学観光学研究所

《著者紹介》

山田良治（やまだ　よしはる）

1951年大阪市生まれ．

大阪観光大学学長，和歌山大学名誉教授，経済学・農学博士（京都大学）．主著として，『戦後日本の地価形成』（ミネルヴァ書房，1991年），『開発利益の経済学』（日本経済評論社，1992年），『土地・持家コンプレックス』（日本経済評論社，1996年），『私的空間と公共性』（日本経済評論社，2010年），『知識労働と余暇活動』（日本経済評論社，2018年）．

（挿絵）

岩本和子（いわもと　かずこ）

1951年神戸市生まれ．

大阪教育大学特理学科卒業後，神戸市公立中学校理科教諭を歴任．退職後もスケッチ活動を続け，南天荘画廊等で個展を開催．水彩絵日記クラブ，かいわいスケッチ会，冬道会所属．

観光を見る眼　創刊号

観光を科学する

――観光学批判――

2021年5月20日　初版第1刷発行
2022年2月19日　初版第2刷発行

＊定価はカバーに表示してあります

著　者　山田良治©
発行者　萩原淳平
印刷者　藤森英夫

発行所　株式会社　晃洋書房

〒615-0026　京都市右京区西院北矢掛町7番地
電話　075(312)0788番(代)
振替口座　01040-6-32280

装丁　尾崎閑也　印刷・製本　亜細亜印刷㈱

ISBN978-4-7710-3510-2